U0614541

时代印记

王志艳◎编著

哥伦布

延边大学出版社

图书在版编目（CIP）数据

寻找哥伦布 / 王志艳编著 . —延吉 : 延边大学出
版社，2013.8(2020.7 重印)
ISBN 978-7-5634-5923-0

Ⅰ . ①寻… Ⅱ . ①王… Ⅲ . ①哥伦布，
C.（1451 ~ 1506）—传记—青年读物②哥伦布，
C.（1451 ~ 1506）—传记—少年读物 Ⅳ .
① K835.465.89-49

中国版本图书馆 CIP 数据核字 (2013) 第 210669 号

寻找哥伦布

编著：王志艳
责任编辑：孙淑芹
封面设计：映像视觉
出版发行：延边大学出版社
社址：吉林省延吉市公园路 977 号　邮编：133002
电话：0433-2732435 传真：0433-2732434
网址：http://www.ydcbs.com
印刷：唐山新苑印务有限公司
开本：690×960　1/16
印张：11 印张
字数：100 千字
版次：2013 年 8 月第 1 版
印次：2020 年 7 月第 3 次印刷
书号：ISBN 978-7-5634-5923-0
定价：29.80 元

版权所有　侵权必究　印装有误　随时调换

前言

　　历史发展的每一个时代，都会有对后世产生巨大影响的人物，都会有推动我们前进的力量。这些曾经创造历史、影响时代的英雄，或以其深邃的思想推动了世界文明的进步，或以其叱咤风云的政治生涯影响了历史的进程，或以其在自然科学领域中的巨大成就为人类造福……

　　总之，他们在每个时代都留下了深深的印记，烙上了特定的记号。因为他们，历史的车轮才会不断前进；因为他们，每个时代的内容才会更加精彩。他们，已经成为历史长河的风向标，成为一个时代的闪光点，引领着我们后人走向更加深邃的精神世界和更加精彩的物质世界。

　　今天，当我们站在一个新的纪元回眸过去的时候，我们不能不提起他们的名字，因为是他们改变了我们的世界，改变了人类历史的发展格局。了解他们的生平、经历、思想、智慧，以及他们的人格魅力，也必然会对我们的人生产生深刻的影响。

　　为了能了解并铭记这些为人类历史发展做出过巨大贡献的人物，经过长时间的遴选，我们精选出一些最具影响力、最能代表时代发展与进步的人物，编成这套《时代印记》系列丛书，其宗旨是：期望通过这套青少年乐于、易于接受的传记形式的丛书，对青少年读者的成长产生潜移默化的影响，使他们能够从中吸取到有益的精神元素，立志奋进，为祖国、为人类作出自己的贡献。

前言

    本套丛书写作角度新颖，它不是简单地堆砌有关名人的材料，而是精选了他们一生当中最富有代表性的事迹与思想贡献，以点带面，折射出他们充满传奇的人生经历和各具特点的鲜明个性，从而帮助我们更加透彻地了解每一位人物的人生经历及当时的历史背景，丰富我们的生活阅历与知识。

    通过阅读这套丛书，我们可以结识到许多伟大的人物。与这些伟人"交往"，也会进一步提高我们的思想品格与道德修养，并以这些伟人的典范品行来衡量自己的行为，激励自己不断去追求更加理想的目标。

    此外，书中还穿插了许多与这些著名人物相关的小知识、小故事等。这些内容语言简练，趣味性强，既能活跃版面，又能开阔青少年的阅读视野，同时还可作为青少年读者学习中的课外积累和写作素材。

    我们相信，阅读本套丛书后，青少年朋友们一定可以更加真切、透彻地了解这些伟大人物在每个时代所留下的深刻印记，并从中汲取丰富的人生经验，立志成才。

导 言

Introduction

克里斯托弗·哥伦布（约1451—1506），意大利航海家，一生从事航海活动，先后4次率队西航，成功地横渡了大西洋，开辟了由欧洲通往美洲的航路。由此，他也成为欧洲人经海路到达西半球的第一人。在西印度群岛上，他建立了殖民地，发现了金矿，并掳掠了印第安人。他的4次西航也证明了地圆说的正确性，促进了欧洲大陆与美洲新大陆的联系，并为欧洲人大规模占领和开发西半球打下了基础。

1451年，哥伦布出生于意大利的热那亚。他的父亲是当地的一名纺织匠，但哥伦布并未受父亲的影响，从小就对航海和来往于海上的商船产生了浓厚的兴趣。

从14岁时开始，哥伦布就到海上生活，并且热爱航海冒险。他在读过《马可·波罗游记》后，对印度和中国十分向往。

1476年，25岁的哥伦布随着一艘沉船的残骸泅水到葡萄牙，此后几年便生活在葡萄牙，并结婚成家。当时，地圆说已十分盛行，哥伦布对此深信不疑。为了实现自己的航海梦想，验证地圆说的正确性，从1482年起，他先后向葡萄牙、西班牙、英国、法国等国国王请求资助，实现他向西航行到达东方的计划，但均遭到拒绝。直到1492年，他才获得西班牙王室的资助，开始远航探险。

1492年8月3日，哥伦布率领近百名水手，分乘"圣·玛丽亚"号、"平塔"号和"尼娜"号3艘帆船，从西班牙扬帆西出大西洋，直向正西航行，在茫茫大海中艰难航行了70多个昼夜，终于于10月12日凌晨发现陆地。哥伦布以为他已经到达了印度，但事实上，哥伦布登上的这块土地是现属于中美洲加勒比海中的巴哈马群岛。

经过几个月的远航，1493年3月，哥伦布胜利归来。消息传开后，不仅轰动了西班牙，也震撼了整个欧洲。

首航成功后，哥伦布又先后进行了3次航行，到过巴哈马群岛、古巴、海地、小安地列斯群岛、波多黎各、牙买加、特立尼达以及中美洲的加勒比海沿岸等。

哥伦布的远航是世界大航海时代的开端，而新航路的开辟也改变了世界历史的进程，它使海外贸易的路线由地中海转移到大西洋沿岸。从此以后，西方终于走出中世纪的黑暗，开始以不可阻挡之势崛起于世界。

1506年5月20日，哥伦布病逝。直到离开人世，哥伦布都以为自己所到之处就是印度，因此后人把他发现的那些岛屿称为"西印度群岛"，那里的土著也称为"印第安人"，以纪念哥伦布这位了不起的探险家和航海家。

本书从哥伦布的儿时生活开始写起，一直写到他所从事的伟大事业及最终发现新大陆的过程，再现了这位新大陆的发现者具有传奇色彩的一生，旨在让广大青少年朋友了解这位航海家不平凡的人生经历，学习他那种一生坚毅、勇敢、勤奋、执著以及为追求理想而永不放弃的精神。

目 录
contents

时代印记　目录

1

第一章　热那亚热爱航海的少年

天才，就是别人认为毫无价值的不毛之地，你却能挖掘出黄金和甘泉来!

——哥伦布

（一）

热那亚是一座美丽而自由的城市，位于意大利西北部的利古里亚省中央，依傍在热那亚湾旁边，濒临利古里亚海。它的一边，绵延着肥沃的丘陵地萨沃纳；另一边，是托斯卡纳一望无际的月桂林和葡萄园。

优越的地理位置促进了热那亚早期的繁荣和蓬勃发展。从10世纪共和政体以来，热那亚在地中海地区的历史中就一直起着重要的作用：1099年，热那亚军队参与了攻占耶路撒冷的斗争。经过长期的战斗，他们战胜了自己的对手皮萨。

尽管后来热那亚经过了近百年的战争，在1379年被威尼斯的军队打败，它的帝国又遭到奥斯曼人的袭击，力量受到削弱，但在15世纪中叶，热那亚仍然是威尼斯最强大的对手。虽然在第一次十字军东征后，利古里亚共和国在圣地巴勒斯坦建立移民区长达数年之久，控制着拜占庭帝国的城市据点，甚至垄断了黑海地区的贸易，但热那亚仍然是很强大的。除了科西嘉岛之外，它还占据着希腊的许多岛屿，其港口也算得上是地中海地区最繁荣的集散地。

在当时，有大量大货仓的货船、轻捷的三桅帆船和类似于千足虫的海军大橹舰，装载着塞浦路斯的酒从这里起航，开往英国和弗兰德里亚。这些船只从黑海装上俄国的皮毛，扬帆驶向利凡特或北非。

在附近的海湾里，坐落着许多船舶修造厂，城里还有制图社，向一些航海的人供应海图和航海指南。当时，有不少人都从事冒险的航海事业。1291年，乌戈利诺·维瓦尔第和瓦迪诺·维瓦尔第两兄弟就是从热那亚出发，开始了绕过非洲去印度的航程。但是，他们却从此一去不复返。

在不间断的冒险事业中，古希腊罗马时期的"幸运之岛"加纳利群岛最终被热那亚人发现了。很长一段时间以来，热那亚人都担任着葡萄牙海军的元帅。亚速尔群岛的殖民化也开始于一位热那亚人。

热那亚的周围还是农夫的广阔天地。由于亚平宁山脉挡住了寒冷的北风，其南麓又受到西南方向来的雨水的滋润，因此，这里一直到山顶的山坡上，耕地、牧场和葡萄园都是星罗棋布。

这里的牧场和葡萄园等也是一个名叫多米尼克·哥伦布的人的活动场所。他是一个织布工人，兼营酒和奶酪生意，和妻子苏珊娜·冯塔纳罗莎住在圣安德里亚的一个叫做卡萨·德尔奥里维拉的房子中。

苏珊娜·冯塔纳罗莎是附近比萨科诺地方一个纺织工的女儿。在与多米尼克·哥伦布结婚后，他们就在自己的房子里设了一个作坊，把从农民那里买来的羊毛纺织成纱后再卖掉换钱。在隔壁的房间中，他们还零售葡萄酒，主要是向利古里亚省的农民出售。那些葡萄酒又酸又涩，冒着金色的细泡。

在这座宅第里，大约在1451年8月25日至10月31日之间，多米尼克的长子诞生了。他给儿子取名为克里斯托弗·哥伦布。

关于这个男孩的具体出生日期，就像有关他的其他传说一样，至今还说法不一。而他自己大概也没在乎过这件事，因为那时大家都是不过生日的，只庆祝宗教上的命名日。他的弟弟妹妹的情况也是如此。多米尼克·哥伦布共有5个孩子，克里斯托弗·哥伦布是老大；二儿子乔万尼·贝勒格林诺在年轻时就死了；有个女儿，名叫比扬基捏塔，后来嫁给了一个乳酪商人；还有一个大约出生于1460年的儿子巴托洛梅，他后来成为哥哥哥伦布的战友和助手；最后的一个孩子是约出生于1468年的贾科莫·迭戈。

哥伦布有个叔叔，名叫安东尼奥。安东尼奥的儿女也很多，有个儿子名叫琼尼，后来在哥伦布第三次西航中指挥了一艘轻快帆船。

热那亚人都十分重视家庭观念，这点他们很像科西嘉人。就像拿破仑称帝后给自己的亲人封王授爵一样，哥伦布在身居国外时，依然觉得自己最信任的是兄弟和亲属。

（二）

从在女儿比扬基捏塔婚礼上发生的一件令人不太愉快的小事中，可以看出多米尼克·哥伦布家的经济状况。

多米尼克·哥伦布的女婿是个奶酪商人。刚一完婚，他就控告岳父多米尼克没有兑现答应给女儿的嫁妆。其实，多米尼克的经济状况一直都颇为窘迫。尤其为了在克里斯托弗·哥伦布4岁时全家搬进的那栋房屋，他与债主发生了一场激烈的纠纷。

不过在此后的岁月中，在该地基上建立了现在的撒·第·哥伦布大楼。如今，该建筑物的上面镌刻着这样的题词：

没有一所祖传的房屋能够像这所房子一样，如此受到人们的敬

仰。克里斯托弗·哥伦布在这里度过了他的童年和少年时代。

虽然家境窘迫，但多米尼克·哥伦布依然是等级低下的手工业者中一位受到尊敬的人。1470年时，他的行会伙伴们委托他到萨沃纳去执行一项重要的使命：同那里的毛纺工人讨论能否对他们的产品制定统一价格的问题。

可能因为这个缘故，多米尼克·哥伦布于15世纪70年代迁往萨沃纳。在那里，他获得了一种证书，证书上写的是"毛纺工和商人"。不过，后来他完全改行做葡萄酒生意了。

在妻子苏珊娜和小儿子乔万尼·贝勒格林诺去世，女儿比扬基捏塔也建立自己的家庭后，另外的两个儿子也相继离家，大儿子克里斯托弗·哥伦布为自己那雄心勃勃的计划四处寻找资金，不能照顾他们的父亲安度晚年，多米尼克·哥伦布便经常在酒中寻找慰藉。

关于哥伦布童年和少年时代的事情流传下来的很少。据记载，他只受过很短时间的正规学校教育，讲一口热那亚方言，连意大利其他地方的人也听不大懂。对于读书和写字，都是他后来在葡萄牙时学的。

对于哥伦布的长相，所有描写晚期哥伦布生活的人都这样写到：

"哥伦布是长脸孔、钩鼻子，两腮绯红，头发也是火红色。"

哥伦布的童年时代基本都是在父亲的纺织机旁度过的，并经常参加纺织劳动，但各种不同的影响却将这位青年人的志趣引到了其他方面。

那时，热那亚是勒内·冯·安茹、阿方索·冯·阿拉贡和西西里争夺那不勒斯王位斗争的主要角逐场所，因此经常有打着陌生旗号、全副武装的雇佣军狂叫着从城门蜂拥而过。

在港湾里，也停泊着五颜六色、富丽堂皇的大战舰。骑士和骑士精神盛行的时代已经过去了，现在开始了大炮的时代、靠敲诈雇佣军发财的时代、大规模扩军的时代、大批人死亡的时代……

可能港口对小时候的哥伦布影响较深，因为那里是他经常去的地方。在那里，有各种肤色的人，着装各异的人们摩肩接踵、前呼后拥，有穿着戴帽子斗篷的北非贝都因人，有穿着东方国家长袍和欧洲大氅的人，熙熙攘攘，热闹非凡。另外，那里还处处弥漫着异国香料和热带木材的气味，夹杂着鱼干、帆布和煤焦油的气味。

小哥伦布怀着一种迷惑的、忧郁的心情观察着这里的阵阵喧闹。对于年少的他来说，港湾就是猎奇冒险，是侯爵与乞丐、江湖医生与朝圣者、战争与瘟疫的十字路口。也就是在那里，他看到了从未尝过的水果以及从未见过的各种动物和植物。

（三）

哥伦布并没有长期将这种观察生活继续下去。大概在10多岁时，他作为一名年轻的船员，参加了驶往波尔托菲诺的短期航行。此后不久，他又航行到科西嘉岛。那时，在利古里亚海边上，实物交换是盛行的贸易方式，据说哥伦布也参与了这种贸易活动。他带着父亲的织布，乘坐一只有地中海三角帆的小船，去邻近的贸易中心，再从那里换回奶酪和葡萄酒，运回萨沃纳。

哥伦布在晚年时期称，自己开始下海的时间是在1461年，当时他只有10岁。可能这只是一次规模很小的航行，只是他的父亲叫他跟随某个邻人到波尔托菲诺港或到科西嘉去买干鱼，而小孩子却认为自己是作了一次国外航行。毕竟，哪一个海员会忘记自己的首次航行呢？

但哥伦布具体是什么时候放弃纺织业，完全献身于海洋的，不得而知。只是通过各种资料表明，他大概在15—23岁的几年中，在海上作过几次短程的航行，但大部分时间还是在陆地上帮助父亲打理生意。

在19岁时，哥伦布在安茹国王勒内二世租下的热那亚船上服役，被编入海军舰队中，还同阿拉贡国王进行了一次为时不长的战斗。在此期间，他至少有一次乘坐热那亚的商船航行过爱琴海西沃斯岛。当时，热那亚商人垄断了同这个岛来往的一切贸易。

1476年，哥伦布25岁时，一件危险的事决定性地改变了他的一生。

5月31日这天，一个武装护船队装载着基安的乳香从热那亚附近起航，这批贵重的物品将被运往弗雷德和英国。作为一名水手，哥伦布驾驶着一艘佛来米船"贝哈尔"号参加了这支船队。

8月13日，船队在经过直布罗陀海峡沿葡萄牙南部的海岸前进时，遭遇到法国的一支特遣舰队的攻击。双方发生了激烈的战斗，子弹呼啸着穿过船帆，散弹将船上的人炸得血肉横飞，鲜血和火光将甲板染得通红。

激烈的战斗整整持续了一天。到傍晚来临时，不仅有数百名水手战死或淹死，还有3艘热那亚舰和4艘法国舰被击沉海底。其中，在被击沉的热那亚舰中就包括哥伦布的"贝哈尔"号，而哥伦布也不幸负伤落入水中。

幸运的是，哥伦布在水中抓住了漂浮在海面上的一条桨，时而推它前进，时而躺在它上面休息，漂浮了约10千米，才漂到拉各斯附近，登上了葡萄牙的海岸。

在那里，和哥伦布一起被救起的几个人被当地的居民收留，并在热那亚驻里斯本的移民来照料他们之前，得到了当地居民给予他们的必需生活用品。

而此时，哥伦布的弟弟巴托洛梅就住在里斯本。因此，当他的身体能够胜任旅行时，他毫不犹豫地去了里斯本。

这是哥伦布生平的一次巧遇，而没想到的是，正是这次经历，让他的生活从此展开了新的一页。

第二章　命运的转折

我相信世界有新的大陆存在。

——哥伦布

（一）

在哥伦布生活的时代，葡萄牙是欧洲最有生气、最为发达的国家之一，而葡萄牙的里斯本更是进行海洋考察和海洋发现的中心城市。

在此之前的大约半个世纪，海上向外开拓扩张都是西欧人梦寐以求的事业。在这方面，葡萄牙具有领先的优势：它比西班牙早近两个半世纪完成了收复失地的战争，从而实现了国内的统一；还有许多天然的良港；在与北非摩尔人长期的海上征战中训练出一批技术超群的海员。但令葡萄牙不能忍受的是：它向东扩展的道路被西班牙强大的卡斯蒂利亚王国隔断了，因此必须另寻出路。

为此，享有"大航海家"声誉的葡萄牙亲王唐·亨利在1422—1462年间为葡萄牙的航海扩张事业发挥出非常重要的作用。当时，亨利亲王魂牵梦绕的愿望就是把基督教扩展到非洲，进而把摩尔人从北非赶出去，前往非洲大西洋岸的几内亚进行象牙、黄金和奴隶贸易。他相信科学，重视实践，在青年时期就曾大胆设想过经海路沿当时还不为人们所知的非洲西部海岸南下，然后向东前往印度、中国和日本等国家。

1418年，亨利亲王在欧洲西南端距离圣文森特海角不远的萨格雷斯创建了世界上第一所闻名遐迩的航海学院。这所学院很快就吸引了大批地中海沿岸的探险家、航海家和天文学家以及为数众多的地理学家、绘图家、建筑家、翻译家等，甚至航船上的舵手都纷纷慕名而来。

亨利亲王大量拨款援助大西洋的航运事业，尤其是资助沿非洲西岸航行的航运业。1434年和1441年，他手下的船队先后到达了西撒哈拉博哈多尔角，从那里掠回一批非洲人做奴隶，从此开始了大规模贩卖奴隶的活动。

在亨利亲王的全力支援下，1419年，葡萄牙人发现了马德拉群岛。亨利亲王十分高兴，先后派人去亚速尔、马德拉和佛得角群岛建立了深入大西洋探险的前哨阵地。

在这种情况下，西班牙也不甘示弱，与葡萄牙之间为争夺加纳利群岛进行了旷日持久的较量。1479年，西班牙国王先发制人，派船队占领了加纳利群岛，迫使葡萄牙同意与其签订协议，规定这些岛屿属于西班牙。作为交换，西班牙放弃了非洲的几内亚，但葡萄牙仍然保留着马德拉群岛、亚速尔群岛和佛德角群岛作为自己的殖民地。

此后，西班牙将其西南部的塞维利亚港逐渐发展成与非洲进行奴隶贸易和其他商品交易的中心，其南部沿海省份安达卢西亚的海外贸易也得到了极大的发展，从而逐步开辟了通往非洲的航线。

葡萄牙自然也不示弱，且因其先进的航海技术和装备，在海洋霸权的争夺中有时还占据上风。西班牙在放弃几内亚的同时，又抓紧时机派出一支由35条快帆船组成的庞大船队，满载黄金后从那里抢运返国，结果被葡萄牙人掳掠一空。

葡萄牙王室还接连不断地向自己的臣民颁发特许证，鼓励他们到海外去寻找和占领任何一个岛屿。1471年，葡萄牙人首先到达了赤道线以南的地方；1484年到达了刚果河口；1486年，巴特罗缪·狄亚斯

（1450—1500）发现了好望角；1497—1498年间，达·伽马（1460—1524）又绕好望角航行到达印度。到16世纪初，葡萄牙还在远东占领了印度的果阿，并与中国、缅甸、泰国、马来半岛等国家建立了联系。

（二）

亨利亲王对黑色大陆兴趣浓厚，他的船长们每隔几年就会沿着非洲西海岸向南进行一次远航，而且一次比一次航行得远。在哥伦布到达里斯本时，这些船长们已经走过了几内亚湾。每年的春天，挂着三角帆的轻快帆船队都会从里斯本出发，船上装着红布、玻璃珠、铜铃和马匹等，沿河南下。到了秋天，船队又载着象骨、金砂、胡椒和黑奴回到里斯本。这些海外贸易促进了里斯本经济的发展。

里斯本是个面向海洋的城市，从这里的码头上解缆下海十分方便。当威尼斯人和土耳其人排挤热那亚人，垄断地中海东部各国贸易时，在从冰岛经亚速尔群岛到黄金海岸的广大地区内，里斯本便变成了几条最有希望的商业航路的极其重要的枢纽。

同时，里斯本还是一个文人学者荟萃的城市。当哥伦布刚刚来到这里时，他很容易地就掌握了拉丁语和其他欧洲国家的语言，也弄到了足以丰富他的世界知识的书籍。

当时，哥伦布的弟弟巴托洛梅早已参加了里斯本的热那亚同乡会，并在一家编制海图的工厂工作。在那里，他还为刚来里斯本的哥哥哥伦布谋到了一个职务。

不久之后，哥伦布兄弟俩又办起了一家效益颇佳的制图所。这个制图所令他们与一些船长和海员开始频繁来往，因为当时编制海图必须以航海家带回来的情报和草图为依据。不用说，不管哪条船，从非洲或西方某些岛屿航行回来，哥伦布兄弟俩一定会邀请船长或舵手喝酒吃饭，向他们打听各种各样的情报，借以修订自己编制的各国地图，或绘制新扩展的非洲海岸图。

在与这些船长和舵手的交往中，可能会有某位饱经风霜的船长，眼看着海图说道：

"我不喜欢沿着这个热得发昏的几内亚海岸航行，也不喜欢同那些黑皮肤的小国王讨价还价做奴隶买卖，为什么我们不直接向西航行，经亚速尔群岛到富产黄金的东方去呢？真正发财致富的地方就在那里。"

这位老船长说得很有道理。要知道，从罗马帝国时代起，就不断有人谈到这点。可是海水浩瀚，无边无际，海况变幻莫测。要想在大海上航行几个月，需要大量的粮食和食物以维持船员的日常需要。但帆船的载重量是有限的，根本装不了那么多的粮食。何况船员们一向都对黑沉沉、风大浪高、浩淼无际的大洋——北大西洋充满了恐惧，不敢轻易投身到这种冒险的航行之中。虽然当时受过教育的人都知道地球是圆的，理论上只要向西航行，就一定可以到达东方，但谁也没有检验过这个理论，也不敢去检验这个理论。

当哥伦布初到里斯本时，关于向西航行到达东方各国这件事大概同1900年人们看待空中飞行一样：理论上是可行的，实际上却非常困难。传统、迷信、习惯势力也都反对这个理论。在1476年时，有人就说：

"人不应该奔向神秘莫测的海洋深处，冒触犯万能的上帝的风险。"

欧洲和亚洲是连成一片的，即所谓的欧亚大陆。它包括从葡萄牙到堪察加半岛、从挪威到马来亚这一大片陆地。西班牙和葡萄牙位于这片大陆的最西边——远西，而中国和日本则位于这片大陆的最东方——远东。东西两端的距离如此遥远，路途如此艰险，在哥伦布以前的时代，很少有人能穿越它从一端平安地到达另一端。意大利威尼斯的商人马可·波罗（1254—1324）是少数完成这一壮举的杰出人物。但据记载，在意大利以西的国家，即西班牙和葡萄牙，在哥伦布以前，尚未发现有人曾到过远东。

大多数明白事理的人承认向西航行是可以到达中国的，甚至少数人认为很有必要这样做。可是，在那位热那亚青年克里斯托弗·哥伦布开始四处奔走，寻求经济援助以实现他的航海计划之前，谁都没有下定决心去尝试一下。

（三）

哥伦布的脑海中到底什么时候开始产生远航的念头，我们不得而知。但一旦产生了这个念头，他就会努力地将其付诸实施，否则他一刻都不能安心。

而要想实现这个愿望，最令人苦恼的事就是缺钱。为了筹措实现自己理想的钱财、人力和物力，哥伦布不得不说服那些身居高位但又一窍不通的权贵们，让他们相信"印度"事业（哥伦布这样称呼自己的计划）是完全可以办得到的。

如果只是一个普通的水手和制图助手，是不能指望别人相信你的计划的。因此，哥伦布首先需要具备的就是丰富的航海经验。所幸的是，哥伦布获得了这种经验。就在他到达里斯本的那年秋天，他加入到一条葡萄牙的商船中工作，航行于大西洋走廊地带，在冰岛、爱尔兰、亚速尔群岛和里斯本之间做羊毛、干鱼和葡萄酒生意。

哥伦布的船到过戈尔韦。他后来回忆说，在那里，他在一条随波漂流的小船上看到两具尸体，样子十分奇怪。爱尔兰人认为，那是两具中国人的尸体，其实可能是两个芬兰人因小船的某些地方损坏而遇难丧生的。

1477年2月，哥伦布在回到葡萄牙以前，还随船长航行到距离冰岛北面100里格的地方进行过探测工作。因此，哥伦布有权说自己到过北极圈的边缘。

　　1478年，哥伦布27岁时，热那亚一家商行又委托他前往马德拉群岛购买一批食糖，并将食糖运回热那亚。但是，商行却忘记把购买食糖的钱交给哥伦布，结果哥伦布到马德里后没有现款，那里的商人拒绝赊账，他只好空船返回热那亚。

　　1479年夏天，由于一件诉讼案，哥伦布又返回热那亚，出庭作证。这次大概也是他最后一次返回故乡。不过，他对这座"高尚优雅、生气勃勃"的海滨城市一直都充满了热爱。晚年时期，他还希望留下一笔钱财，足以使他的后人在热那亚拥有一栋房屋。而且，哥伦布也没有在其他任何国家入籍，就连他晚年时所委托的遗嘱执行人，都是热那亚的圣·乔治亚银行。

　　此时的哥伦布已近而立之年，不但有了丰富的航海经验，也有了一笔相当可观的收入。在从热那亚返回里斯本后，他结识了一位美丽的姑娘。

　　在里斯本期间，哥伦布经常去一座著名的修道院做弥撒。这所修道院里的修女的丈夫或父兄是骑士团的成员，正在东部前线与异教徒作战。修道院有着严格的管理制度，修女们十分注重修养和贞操，因此在社会上也享有极高的声誉。

　　也就是在这里，哥伦布结识了费莉帕·佩雷斯特雷洛·伊·莫尼斯小姐。经过一段时间的接触，两人彼此产生了爱慕之情，不久便结为夫妻。

　　哥伦布的婚礼是在里斯本圣·雅克骑士修道院的小教堂中举行的。结婚也成为哥伦布生活的重要转折点，让他从此开始跻身于上流社会。婚后，哥伦布搬进莫尼斯家宽大的府第，他的弟弟巴托洛梅在外面单独经营他们的制图所。

　　哥伦布的新婚妻子莫尼斯出身于贵族家庭，与上层社会有着广泛的联系和交往，莫尼斯本人也是里斯本大主教的堂妹。她的母亲伊莎贝拉·莫尼斯还是皇室的远亲；父亲巴托罗缪·佩雷斯特雷洛原来还是亨利亲王属下出色的航海家，因发现圣港岛而并被任命为该岛的首任总督。

圣港岛属于马德拉群岛中的一个，距离主岛约有48千米。巴托罗缪·佩雷斯特雷洛在马德拉群岛的其他地方还拥有地产。1475年，巴托罗缪·佩雷斯特雷洛去世，但总督职务是世袭的，因此由他的儿子，即莫尼斯的弟弟接管权力。

刚刚结婚时，哥伦布与妻子、岳母居住在里斯本。从岳母那里，哥伦布获得了大量岳父遗留下来的航海资料和海图，从而进一步丰富了航海知识，也更加激发了他想要发现和开拓新的岛屿的热情。

后来，哥伦布夫妇又迁居到岳父所发现的圣港岛。这里环境幽雅，林木葱郁，风景秀丽。而婚后生活的甜蜜和温馨，也让哥伦布长期漂泊的心灵获得了安慰。

1480年，哥伦布的儿子迭戈出生了，这给哥伦布一家带来了莫大的欢乐。在圣港岛，哥伦布一家居住了两三年的时间，他一边从事商业活动，一边利用那里特殊的地理位置认真观察研究西北信风的特点。同时，他还花费大量的时间埋头研究岳父书房中的那些书籍和地图等。

1480年以后，哥伦布再度多次出海。后来，在王室御医和一位朋友的介绍下，他结识了葡萄牙未来的国王——约翰王子。虽然两人见面时间很短，但王子对哥伦布的印象极好，后来还任命他为一艘皇家帆船的副船长，沿非洲海岸线去几内亚，到达了葡萄牙国王在黄金海岸建立的贸易站和圣·乔治·德·米纳要塞。

在此次前往非洲航行的过程中，哥伦布沿途详细地记录了海岸线上的各个细节，并在他的地图上补充了许多说明。

帆船在返回里斯本后，哥伦布带回了大量的黄金、象牙、香料、胡椒等，当然还有一批奴隶，收获颇丰。但哥伦布似乎并不满足，宁静温馨的家庭生活也没有熄灭哥伦布内心中燃烧着的雄心壮志。他的心就像大西洋冲击着圣港岛的波涛那样，始终躁动难平。

在哥伦布第一次西航成功返回西班牙后，王室为他举办了宫廷宴会。在宴会上，有人对他说："即使你不去做这件事，也会有其他西班牙人去做的。"言外之意就是西航没什么了不起。为反击这个人对他的恶意贬低，哥伦布拿着一个煮熟的鸡蛋对同席而坐的人说："先生们，你们有谁能把这个蛋直立起来？"在场的人怎么摆弄都不行。这时，哥伦布轻轻把鸡蛋往桌上一磕，鸡蛋就立住了。有人不服气地说，这是人人都能做到的。哥伦布反唇相讥："是的，任何事情都是简单的，但那是在有人第一次做出示范以后。"

第三章　寻找皇室支持

　　发现只孕育在勇往直前的坚持之中，我想，它与懦夫大概
永远无缘。

——哥伦布

（一）

　　在里斯本生活期间，对哥伦布来说是一个发奋学习的好时期。在这段时间里，他学习并掌握了葡萄牙语、卡斯蒂利亚语和拉丁语等知识。其中，拉丁语对他研究宇宙结构学的著作特别重要。虽然他的拉丁语经常出错，但这已经足够让他去了解宇宙结构和天文学了，哥伦布对这些学科充满了浓厚的兴趣。

　　当哥伦布一家住在圣港岛时，哥伦布那敏捷的理解力就使他意识到，在西大西洋上应该有一个尚未觉醒的大陆。哥伦布自己说过，有关的传说深深地吸引着他，他一直在寻找曾深入过这个神秘大洋的人们，希望能从他们的身上获得一些有关这个大陆的信息。

　　1481年，一个名叫马丁·贝汉姆的德国人来到里斯本。这个人博学多才，在航海术、地理学和制图学方面都具有很高的造诣。鉴于他的出色才华，葡萄牙的国王任命他为一个专门委员会的顾问，要求他深

15

入地钻研航海技术。

贝汉姆凭借自己的才学和经验，编制出了比以前更加精确的海路图，而且还改进了造船术和航海仪器，其中包括以铜质星盘代替此前一直使用的木质星盘。

在与贝汉姆的接触和交往中，哥伦布受益颇多。此后不久，他就将自己西航的梦想逐渐变成了略具雏形的计划。

在圣港岛住了不到两年，哥伦布一家又迁往马德拉群岛上的丰沙尔。这是个有名的梯地山脚下的城市，盛产酿制玛丽瓦西亚葡萄酒的葡萄，当时就已是一个具有50多年历史的繁荣的水陆转运港了。在这里，哥伦布又改行从商，参加兴旺的商业活动，经营马德拉群岛的小麦和甘蔗。

但是，哥伦布始终都没有放弃自己向西航行的计划，而且该计划也正日臻成熟。在业余时间，哥伦布经常观察并掌握有关信风特点和马德拉群岛以西航行条件的详细知识。正如后来所表明的那样，他成了精通该地区风向和水流的专家。

在1481年时，约翰二世登上葡萄牙国王的王位后，开始加速对非洲的开发和剥削。就在他登基的这一年，他下令在海岸角（加纳）建立一个巩固的移民区。

现在，那里残存的坍塌的地基和断墙仍然显露出过去圣约齐·达·米纳城堡的旧址。该城堡的作用是确保赚钱的奴隶贸易和黄金买卖，抵制欧洲和阿拉伯的竞争者；而且如果有必要，还可以用它来"平定"当地居民——一个带有"圣"字的地名首次与海外不圣洁的黄金开采和用不义之财建立起来的繁荣联系在一起。

哥伦布参加了前往海岸角建造移民区的那支船队，并于次年冬天开始建造城堡。在这期间，哥伦布逐渐上升为一名富有的、并通过家庭的结合而变得颇有影响的商人和航海家。

1483 年，哥伦布返回里斯本不久，他的妻子便因肺病溘然去世，这对哥伦布是一个沉重的打击。然而，他对西航计划的专注让他从丧妻的悲痛中逐渐解脱出来。

（二）

在里斯本，哥伦布阅读了马可·波罗的游记，对东方更加心驰神往。如今保存在塞维利亚城哥伦布图书馆中的一本拉丁文的《马可·波罗游记》上，便留有260多处哥伦布的亲笔批注。

有人说，哥伦布这位新大陆的发现者若不是手中捧着《马可·波罗游记》，至少也是在大脑和心中装着这本书开始他的远航的。后来，哥伦布曾引用马可·波罗对东方动植物群落的描述，证明他确实发现了"印度"。为此，他甚至将自己的西航发现计划称为"印度事业"。

所谓印度，指的是东亚的大部分领土，其中包括印度、中国、日本、缅甸、摩鹿加群岛以及印度尼西亚等地。在15世纪时，它们就像符咒一样，深深地吸引着欧洲人的想象力，令欧洲人憧憬不已。

这些地方盛产黄金、白银、珠宝、丝绸、棉布、胡椒、药材以及香料等，财源十分丰富。这些商品中的少量会经过一些商队从亚洲运到君士坦丁堡或其他地中海及爱琴海沿岸的各港口上，然后再通过船舶、车马，甚至人力，从那里运往欧洲各地。

但是，由于路途遥远，其中又充满凶险，中间经转的人数众多，结果到欧洲后价格已经涨了几倍，令欧洲消费者感觉东方商品的价格过于昂贵。不过由于欧洲城市财富的增长，人们生活日趋繁华奢侈，又令这些商品的需求量远远超过供应量。正因为如此，葡萄牙历朝历代的国王都曾多次企图绕道非洲深入印度，认为从那里可以买到东方廉价的必需商品。

而哥伦布认为，绕道非洲去印度的道路太艰难了，他建议寻找一条新的道路，可以直接通过大洋向西航行，到达东方。不过要走这条道路，自然是需要一种勇敢无畏的精神和丰富的航海经验的。

另外还有一种理由促使欧洲人热衷于探索便利的新航路，这种理由对于像哥伦布这种虔信宗教的人很有感染力，对于欧洲各国政府中那些身居高位的教士更富有感染力。

自从十字军东征失败后，基督教徒被迫离开圣地，以致耶稣在耶路撒冷的陵墓和他的诞生地都落入异教的土耳其人手中。对此，基督教徒感到自己受到了奇耻大辱。他们当时都梦想着东方的某个地方有一个强大的基督教国家，由教王约翰统治着。这个梦想的背景是因为东非的确有一个埃塞俄比亚王国信奉基督教，它的统治者就是塞拉西皇帝的祖先。

据传说，教王约翰那里财富充足，兵力强大。如果能到达教王约翰的国家和他缔结联盟，那么基督教徒就可以收复圣地，将土耳其人赶回中亚细亚。

当时的欧洲人对中国的认识是很肤浅的，也是不正确的。比如西班牙两位国王在给哥伦布的介绍信中就表明，他们认为元朝的忽必烈皇帝到1492年还统治着中国，其实从1368年起元朝就已由明朝接替了。

欧洲人对中国的了解都来自《马可·波罗游记》，马可·波罗在13世纪末和14世纪初大约在中国住过3年。在这期间，他写的冒险猎奇的东方游记传播甚广，是最早的印版书之一。马可·波罗不仅证明了中国皇帝生活非常奢华的传说，还把岛国日本夸耀得更加富庶繁荣。而且，他认为日本距离中国海岸大约有2400多千米。

在这本游记中，马可·波罗在谈到勇敢的海员在印度海岸前方的日本会遇到些什么时说：

日本是东洋的一个岛屿。该岛很大，岛上居民是浅色的面孔，受过良好的教育，有着良好的风俗。他们的宗教是崇拜偶像。他们不从属于任何外国势力，只受他们自己国王统治。他们的黄金取之不尽，多得不得了。但是，由于天皇不允许出口，所以到这里来的商人很少，也没有从遥远地区过来的船只访问。

如果有资格进出王宫的人向我们讲解的一切都是真的的话，那么我们就可以这样来描述王宫中的富丽堂皇：王宫的整个屋顶都是用金瓦盖的，就像我们的教堂里用铅皮盖的一样；柱子的外层也是由这同样昂贵的金属包成的；许多房间里都有厚厚的纯金装饰的小桌子；窗户也有金的装饰。人们简直无法想象该国巨大的财富。

此外，岛上还有许多红色的珍珠，不尽圆，但特别大。红珍珠的价格比白珍珠还要贵。另外，那里还有许多贵重的宝石……

这样的描绘，怎能不让人浮想联翩呢？通过马可·波罗的描述，人们以为东方的金银财宝仿佛遍地都是，举手可得。

（三）

在哥伦布生活的时代，欧洲人对我们称之为美洲的这片大陆的存在没有丝毫的概念和印象。北欧的诺尔曼人在11世纪时曾向东航行，到达了现在加拿大的东岸或新英格兰。对于他们的此次航行，南欧人完全不知道。即便哥伦布在航行到冰岛时听说了这些消息，他也不感兴趣，因为他感兴趣的是黄金和香料，而不是那里的葡萄、松树和鳕鱼等。

当时，人们认为海洋是不能分开的，统一的大洋包围着统一的大岛——欧洲、亚洲和非洲。无论是哥伦布本人，还是那些支持或不支持哥伦布的统治者，最关心的几个重要问题是：

"远东距离西方有多远？"

"由西班牙到中国或日本有多少英里的路程？航行需要花多少时间？"

"这种航行事实上是否能够办到？"

……

每个人都承认地球是个圆形体，并沿袭希腊人的划法，将这个圆体分成360°。但是，1°有多大呢？只有弄清这个问题，才能确定地球的大小。

亚历山大科学家托勒密在他的著作中说，1°应该是50海里。事实上，1°应该为60海里。而哥伦布这位勤勉的热那亚人也独立地进行了自己的计算，认为1°为45海里，并坚称他的计算是正确的，托勒密的计算是错误的。这样一来，哥伦布就将地球缩小了四分之一。

除了在测定地球大小上所犯的错误之外，哥伦布在计算亚洲向东延伸多远上也犯了一个大错误。欧洲和亚洲的实际宽度从圣维森提角到中国北京大约为130°，到日本东京大约为150°。当时，托勒密的设想是180°，即地球的半个圆周。

提尔的马里诺斯·冯·泰勒斯是比托勒密更早的科学家，托勒密的设想也是以泰勒斯的设想为依据的。因此，哥伦布对泰勒斯自然更加信服。按照他的意见，欧洲和亚洲应横跨225°。而马可·波罗从陆地横贯亚洲旅行了两三年，他经过粗略的计算，认为到中国需要增加28°，到日本要再增加30°。如果这是从泰勒斯的225°加起，那么东京所在的子午线就会通过古巴西部，还要通过查塔努加市、大瀑布城以及西安大略等。

而且，哥伦布认为他可以从加纳利群岛西部（圣维森提角以西9°）出发航行，按照他的计算，他只需要向西航行68°即可到达日本海岸。按照这一错误的计算，再加上每度的长度已经缩小，于是哥伦布设想，从加纳利群岛到日本的海路旅程应该是2400海里。而实际上，两地的空间直线距离就有1.06万海里！

不过，哥伦布并不是自己独自得出这一错误结论的，要对错误计算负责的还有另一个人，那就是天文学和数学爱好者、佛罗伦萨博学的医学家保罗·德尔·波佐·托斯卡内里。他极力支持哥伦布的计算，并认为马可·波罗确定的亚洲大陆面积也是正确的。

在1474年时，托斯卡内里还给葡萄牙的一位名叫马丁·费迪南的宫廷牧师写了一封信，劝他说服国王派一支探险队向西航行，到"黄金最多的日本去"，到中国的曼吉省去。据他推算，从里斯本到日本国要航行4800多千米，从里斯本到行在（中国杭州）要8000多千米。

这封信被密藏在一间名叫"地图室"的屋子里。后来，哥伦布利用他妻子的亲戚在宫廷中的关系，看到了这封信。这封信中写道：

> ……我知道，这条道路的存在是基于已被证实的学说，即地球是圆形的。尽管如此，为了便于完成这一事业，我寄给国王陛下一幅我亲手绘制的地图。在这幅地图中，我标明了我们的海岸和岛屿。从这些海岸和岛屿出发，你们应该不停顿地向西航行。

> 那幅地图上同时也标明了你们要抵达的地区，你们必须在远离极地和赤道的地方停下来。

> 另外，地图还标明了为到达盛产香料和宝石的国家你们需要行驶的路程。您不必感到惊奇，我把生产香料的国家称作西方，而人们通常把这些国家称作东方，因为人们一直向西航行，向大洋的彼岸和地球的另一半的西方就可以到达东方的国家。可是，如果您沿陆路行进，经过我们这一半地球时，那么，"香料之国"就将在东方。

哥伦布看完这封信后，非常兴奋。他马上写信给托斯卡内里，不久后便收到了托斯卡内里写给他的一封令人鼓舞的回信和一幅崭新的地图。

这件事发生在1481—1482年之间，哥伦布始终将托斯卡内里的信和地图作为证明自己正确的主要证据。在此后的几次伟大的航行中，他都将它们带在身边。

（四）

虽然计算结果是错误的，但哥伦布还是带着这个计算结果要求觐见国王。1484年底，约翰二世接见了哥伦布，并认真倾听了哥伦布的计划和建议：向西航行，沿途发现新岛屿，再到达日本。

对于这次接见，一位史学家是这样记述的：

"国王不大相信克里斯托弗·哥伦布。他把哥伦布看作是一个爱说大话的牛皮客，把他看作一个对日本岛国充满幻想的空谈家。"

尽管如此，哥伦布本人和他的计划还是给国王约翰二世留下了深刻的印象。国王将哥伦布的计划交给一个政务会议去审查。

参加政务会议的是一个高级僧侣和两个犹太医师。他们都享有航海家的声誉，擅长通过观察星相来确定航向。但会议最终拒绝了哥伦布的计划。至于为何会做出这样的决定，文献中并没有记录，可能是由于参加会议的人认为拟议中的航程太远，而且认为他们关于这个"远"的概念要比哥伦布设想的更加合乎实际。

但国王约翰二世对这个结论并不满意，他又召集了一批学识渊博的人参加国务会议，亲自听取他们的意见，以决定是否接受哥伦布的建议，开辟新的航线，或是继续延伸原来的航线。

正当这时，沿非洲海岸航行的葡萄牙远航船队传来好消息，称已发现了帕德河（刚果），并认为这就是非洲的最南端。

这个消息让葡萄牙人大喜过望，认为由此前往印度已指日可待。在这种情况下，会议再一次否定了哥伦布的计划，指出他对航线距离和航行时间的计算均有错误。哥伦布估计的距离是2400海里，需要的航行时间大约为1个月；而约翰二世身边的谋士们认为他们的计算更加准确，距离应是1万海里，需要4个月的航行时间。这样的远航在当时的条件下被看做是不可能实现的，结果哥伦布的计划再次遭到拒绝。

不过，哥伦布的计划流产还可能源于另外一个原因，那就是他向葡萄牙国王要"价"太高了。他曾提出：首先，国王要封他为佩戴金马刺的骑士；其次，要求得到贵族的称号，人们要称他为唐（当时加在西班牙人名前表示身份的高贵）·克里斯托弗·哥伦布，他的继承人姓名前也要冠上"唐"这个尊称号；第三，要求获得海洋统帅的头衔，拥有与卡斯蒂利亚的海洋统帅们同样的优越地位或特权、优惠和权力等；此外，还要求约翰二世任命他为他所发现的所有岛屿和陆地的终身副王和总督。

对于物质利益，哥伦布也提出了较高的要求：在上述他的领域之内，国王得到的所有金银珠宝、香料及其他任何有用的东西，都要有十分之一归他所有。

最后，哥伦布还提出授权他对此项远航事业的所有费用负担八分之一的份额，事情成功后据此获得八分之一的收益。

虽然哥伦布的要求颇多，但在当时来看也都算是合理合法的要求：在1462年时，阿方索五世对西大西洋上可能存在的岛屿，就曾将类似的特权许诺给约翰·沃甘多；1475年，富诺·特雷斯也获得了在同一地区被他发现的土地上相当于副王的权利。只是这几次大西洋的航行有一点是与哥伦布不同的，那就是他们的远航必须自筹资金。

就在国王约翰二世对哥伦布的计划犹豫不决时，一位深受国王信赖、名叫卡尔扎蒂格里亚的博士给约翰二世出了一个狡猾的"一箭双雕"的主意：暂时不明确告诉哥伦布关于拒绝他的计划的决定，令其在悬念中等待答复；与此同时，王室秘密派遣船只按照哥伦布所指出的方向航行，以此验证哥伦布的航行方案是否有合理的根据。这样一来，就既能充分享用哥伦布计划可能带来的好处，又不致让葡萄牙王室因与哥伦布这样出身低微的人进行谈判而降低威信。

约翰二世接受了卡尔扎蒂格里亚博士所出的主意，要求哥伦布提供详细的航行计划，包括标明航线的海图和有关文件等，供国务会议审核。而当哥伦布将这一切资料都交给葡萄牙王室后，一艘三桅快帆船很快便出发了。这艘远航帆船公开宣称是向佛德角群岛运送补给，而暗中得到的命令却是依照哥伦布提供的航线开行，以确定其可行性。

可是，这艘三桅帆船从佛德角群岛出航后向西航行不久，便遭到了狂风巨浪的猛烈袭击。船长和船员们丧失了继续前进的勇气，只好返航。回来之后，他们不但没有说明哥伦布的远航计划是否可行，还反过来嘲笑哥伦布的计划"荒唐至极"。

哥伦布在获知事情的真相后，才发现自己上当受骗了。为此，他大为恼怒，一气之下拒绝了国王约翰二世要与他重新谈判的一切提议。

在此之前，妻子的逝世已让哥伦布与葡萄牙宫廷之间中断了联系；现在，他又遭到了葡萄牙王室的欺骗，这令他对这个国家感到失望。他决定离开这个不讲信义的国家，到其他国家去谋求支持。

1484年末，哥伦布带着只有5岁的儿子迭戈秘密离开了里斯本。他首先从陆路向南进发，然后在紧靠韦尔发和巴洛斯的地方越过国境，进入西班牙。之所以走陆路，完全是为了掩人耳目，因为葡萄牙人估计哥伦布作为一个水手可能会乘船离开。他必须提防约翰国王可能对他的阻挠，还必须躲避债权人的逼债。就像许多其他伟大的事业家一样，在追求自己梦想的奋斗过程中，哥伦布早已陷入到穷困潦倒、负债累累的境地了。

第四章　两次受挫

言语无法做到的事情，金子可以做到。

——哥伦布

（一）

在西班牙，哥伦布只有一个熟人，那就是住在韦尔发的妻妹。此时，她已经与一位西班牙人结婚。

1485年初的一天中午，哥伦布到达了基督教弗朗西斯教派的德拉·拉比达修道院。这让哥伦布想到将儿子迭戈安顿在这里，因为他知道这所修道院会收养儿童。

当哥伦布带着小迭戈敲开修道院的大门时，碰巧出来的是一位研究天文学的、具有教养很好的修道士安托尼奥·德·马奇纳来为他开门。他留下了哥伦布父子，并收留了小迭戈，准备让他日后做学徒。

马奇纳是塞尔维亚的财政局长，他除了神职工作之外，还研究宇宙结构学和天体学，在这方面说话是很有分量的。在与马奇纳的接触中，哥伦布的梦想又向前迈进了一步，因为马奇纳认为哥伦布的计划是可行的。

在哥伦布来到西班牙的时候，西班牙正处于一个新的蓬勃发展时期。1469年，原阿拉贡王国的王子费迪南·冯·阿拉贡与原卡斯蒂利亚王国的公主伊莎贝拉·冯·卡斯蒂利亚结婚后，两国正式合并，并采用"西班牙"这个国名，由两人共同执掌朝政。

在其后的10年，被称为"天主教徒国王"的费迪南与伊莎贝拉为西班牙帝国的发展奠定了基础。他们对国家的一切方面都实行改革，极大地强化了王室的权力，限制上层贵族的势力，实现了政治上的统一。

1479年，西班牙又与葡萄牙缔结了《阿尔卡考巴斯和约》，结束了与葡萄牙的百年战争纠纷，并通过放弃在西非的行动来保证对加纳利群岛的占领。在各城市和教士的帮助下，搞分裂主义的上层贵族势力、与王室分庭抗礼的门多萨、曼里奎和古斯曼家族的势力被粉碎了，天主教国王费迪南和伊莎贝拉的力量比以往任何时候都要强大。

为了实现自己的理想，哥伦布开始在一批西班牙贵族之间四处奔走，开展游说，希望能够得到他们的支援。这些贵族个个财力物力雄厚，在自己的领地上实行着几乎是独立王国一般的统治。

哥伦布首先拜访了梅迪纳·西多尼亚公爵。这位公爵是西班牙的一位高级贵族，占据了西班牙南部加的斯半岛最富有的封地，控制着圣卢卡尔港周围的大片区域。因此，他的财力物力令他完全有能力资助哥伦布西航的计划。

哥伦布与西多尼亚公爵进行了多次详谈，认真而详细地向西多尼亚公爵描绘了他远航亚洲可能带来的光辉美好的前景。有一段时间，西多尼亚公爵的确有些动心了，但这位脑满肠肥的公爵傲慢而又多疑。他不相信哥伦布这个宏伟计划的可能性，认为哥伦布所言的一切都只是这个意大利空想家的幻梦而已。

哥伦布再一次失败了。之后，哥伦布又在马奇纳的引荐下，结识了梅迪纳·塞利公爵，并向他求助。塞利公爵热情而友好地接待了哥伦布，并一直照料他的住宿和饮食，从各方面维护他。

塞利公爵住在距离加的斯港不远的圣玛利亚港，这个港口在西班牙南部地区享有盛名。他听取了哥伦布的建议以后，拿出大量的资金建造了3艘帆船，还准备了一年的食物，配备了海员和其他一些必须的物品，以一种十分坚决的态度援助哥伦布的西航计划。

1485年3月，费迪南国王与伊莎贝拉女王在塞维利亚度过冬天以后，移师科尔瓦多，准备发动一场消灭摩尔人的春季攻势。在这种情况下，大封建主和西班牙的王公贵族们，其中也包括梅迪纳·塞利公爵在内，都集合了自己的队伍准备参加此次进攻。

到4月份，战争取得了辉煌性的胜利，西班牙相继攻占了许多地方，但决定性的胜利似乎一时还不能到来。因此，塞利公爵这时根本无暇顾及哥伦布和准备西航的事。

在哥伦布的一再请求之下，梅迪纳·塞利公爵准备将这件事正式上报给国王。因为公爵觉得此事事关重大，这样崇高的事业可能带来的荣誉应属于国王，不应由他独享。所以，他就给伊莎贝拉女王写了一封信，恳请她关注此事。

伊莎贝拉女王接到信后，很快便回信表示同意，并命令哥伦布亲自去见她。于是，哥伦布带着公爵的一封信前往当时王室所在地科尔瓦多。在哥伦布随身携带的公爵致女王的信中，公爵表示：如果国王批准这项计划，他愿意承担一部分的费用，并愿意将他的圣玛利亚港口作为装备船队的港口。

当哥伦布急匆匆地赶到科尔瓦多时，并没能见到国王和女王，因为此时他们正在集中精力准备对摩尔人发动新的攻势。但女王留下了指示：有关哥伦布的事由卡斯蒂利亚王室司库阿隆索·德·金塔尼利亚负责处理。

（二）

1486年1月20日，哥伦布将他的西航计划送交到卡斯蒂利亚王家枢密院，这也算是他正式"效力"西班牙王室的开始。

西班牙的国王和女王属于流动性的君主，经常跟随部队到处征战。在对摩尔人发起的连年征战中，他们不断随部队四处迁移，宫廷和军队大本营自然也要跟着迁移，结果导致王国内部财政空虚。

王室司库阿隆索·德·金塔尼利亚当时最担心的问题就是王室和国家财源的枯竭。因为在攻打摩尔人的长期圣战中，国家的财产，包括国王个人的财产以及封建领主们所提供的财产，到1486年底时都几乎耗尽。故而当他听哥伦布谈到东方有大量的金银财宝可以获得时，自然不会无动于衷。

金塔尼利亚对哥伦布表达出一种非常同情的态度，命令给哥伦布提供资助。可以说，在这期间是他保证了哥伦布的衣食住行。为了打通各个关节，让哥伦布的西航计划尽快得以实施，金塔尼利亚还安排哥伦布去见红衣主教门多萨。

唐·佩罗·冈萨雷斯·德·门多萨是西班牙的红衣主教，地位权势十分显赫，人称"第三国王"。哥伦布见到这个人物以后，很快就有了晋见国王和王后的机会。

在等待国王和王后接见期间，哥伦布也没有停止奔走的脚步。此时，朝廷已经在西班牙中部和北部从一个城市迁到另一个城市，而哥伦布因缺少旅费，只好从塞维利亚搬到附近的科尔多瓦市，一心等着国王和王后赐予善意的答复。

科尔多瓦也已经有了不少热那亚侨民，其中一个以司药为职业的热那亚侨民在这里还开了一个小药店。

这个药店很快就成为一些医师和科学爱好者的集合地点。当然，哥伦布也会经常到这个店铺里来。他在这里认识了迭戈·德·哈兰纳，并和他建立了亲密的关系。哈兰纳还将哥伦布带到自己家里做客。在哈兰纳的家中，哥伦布遇见了年方20岁的乡村姑娘——哈兰纳的堂妹贝特丽丝·恩丽克丝。

不久后，恩丽克丝便成为哥伦布未正式结婚的继配，后来还在1488年为哥伦布生下他的第二个儿子弗兰多。弗兰多长大后，为父亲哥伦布写了传记。不过，哥伦布在第一次远航归来后就再没有与恩丽克丝保持关系。有人为此批评哥伦布不是个虔诚的基督教徒，因为基督教徒必须恪守基督教的"十诫"，其中有一诫就是不能姘居，后来一些为他写传记的笃信宗教的作者也感觉此事难于下笔。

但是，哥伦布和贝特丽丝·恩丽克丝结束关系后，一直负责她的供养。在临终前，哥伦布在自己的遗嘱中还将她托付给自己的财产和封号继承人——大儿子迭戈，要他照顾恩丽克丝。他在遗嘱里写道：

"贝特丽丝·恩丽克丝是我的儿子弗兰多的母亲，应该升格使其与她的地位相称，以便她能够过上受人尊敬和富足的生活。由于我在许多方面亏待了她，我这样做是为了从我心灵中卸下沉重的包袱，使我们的良心得以安宁。心灵的愧疚让我痛苦不堪。"

哥伦布还一直把弗兰多和与前妻合法婚姻生的儿子迭戈同等对待，哈兰纳家的后人与哥伦布家合法婚姻所生子女之间也保持了几代良好的情谊。

（三）

1486年5月1日，在哥伦布到达西班牙差不多一年之后，他在阿尔卡

萨宫受到了伊莎贝拉女王的接见。

伊莎贝拉是一位不寻常的女王，她睿智、果断，外交手腕灵活。尽管有时显得有些偏执，甚至还有些固执己见，但这种性格却令她使整个国家摆脱了他的兄长海因里希四世摄政期间的那种动荡混乱的局面。

伊莎贝拉女王能够发挥如此强大的作用，并不是轻而易举能做到的，是她与她的姐姐胡安娜经过艰苦的王位争夺之后才赢得的。执政之后，伊莎贝拉也用事实证明了自己的出众才能：1482年，她统一了最重要的骑士团，建立起一支有战斗力的军队；她坚持自己有权任命教会高级职位的人选；她接管了由武装军团经营的大量田地，采用宗教法庭并驱逐了摩尔人。

相比之下，伊莎贝拉女王的丈夫费迪南国王在她的身边却显得有些逊色。但与伊莎贝拉截然相反，他诡计多端，只凭理智，从不感情用事，始终只用他们的政治价值来衡量他那些仅仅是暂时的朋友和盟邦。

哥伦布来到伊莎贝拉女王面前，向端坐在王位上的女王深深鞠躬致敬。阿尔卡萨宫是一座摩尔式的宫殿，建筑风格独特，前厅里有许多色彩斑斓、结构严整的拱顶和立柱。哥伦布初来乍到，仿佛进入一座迷宫一样。

宫殿里，气氛庄严肃穆，寂静无声。来到这样的场所，哥伦布突然之间犹豫起来。他感到，他即将向女王说的话可能显得过于苍白无力。

在伊莎贝拉女王的授意下，哥伦布开始谈起他的西航计划。他谈到印度，谈到西潘古的巨大财富、香料、金银、珍珠、绸缎、瓷器，谈到玉石铺的桥、黄金盖的屋，谈到只要驾船向西航去就可以从那里运回无数的珍宝。

伊莎贝拉女王很认真地倾听着，纹丝不动。在谈话过程中，哥伦布还走近女王面前，在女王面前的桌子上展开了一幅他随身带来的地图，并详细说明了他将要航行的路线。

当时，葡萄牙依然是西班牙在海洋上的主要竞争对手。由葡萄牙人发现的加纳利群岛在1478年两国的协定中已明确规定为西班牙所有，这里是他们后来远航美洲的桥头堡。但葡萄牙仍然保留着马德拉群岛、亚速尔群岛和佛德角群岛，另外还得到了几内亚。因此，两国依然明争暗斗，努力进行海洋上的扩张。

哥伦布讲完自己的计划和设想的航行路线后，伊丽莎白女王对他的讲解似乎很满意，向他赞赏似的点了点头。但是，伊莎贝拉不可能马上采取行动，因为此时西班牙正与摩尔人进行战争，昂贵的探险航行会激起邻国葡萄牙的愤怒，这样做是不明智的；何况战事耗资巨大，每笔投资都要仔细考虑。

因此，在哥伦布离开阿尔卡萨宫时，伊莎贝拉女王并没有给予他肯定的答复，只说会指派专人接见他。随后，女王将这件事提交给她的顾问们。

（四）

在伊莎贝拉女王的忏悔神父弗雷·赫尔南多·德·塔拉维拉的领导下，1486年初夏成立了专家调查委员会，负责审查哥伦布的西航计划。专家委员会设在萨拉曼卡，这是当时西班牙最高学府的所在地，也是西班牙学术活动的中心。那里专家云集，资料和地图都十分齐备。

当时，西班牙是欧洲最好的宇宙志学和天文学中心之一。在萨拉曼卡大学的教授队伍中，有当时最负盛名的犹太人天文学家阿布拉哈姆·萨库托。这所大学也是最早在课堂上介绍哥白尼天文学说的基督教院校。

该调查委员会由天文学家、宇宙志学家、航海学家与哲学家共同组成，萨拉曼卡的执政马尔多纳多博士也是委员会的成员之一。

1486年圣诞期间，调查委员会在萨拉曼卡召开会议，与会成员意见各异。但是，委员会中至少有一人，即迭戈·德·戴萨尔赞成这个西航计划。可能是在他或塔拉维拉的影响下，1487年初，哥伦布获得了一笔补助费———一年为1.2万马拉维迪。这是付给一个航海能手的薪水。如果按期支付的话，对于哥伦布这样一个不讲究吃喝的人来说，是足够维持日常生活的。

然而一个月又一个月过去了，甚至又一个圣诞节过去了，调查委员会也没有作出任何决定。

在等待委员会决定期间，哥伦布一直住在宫廷附近，经历了西班牙对摩尔最后一个港口城市马拉加的围困，经历了那几个月发生的鼠疫和1487年8月18日对该城市的占领。他跟随着逃避鼠疫和不舒适天气的国王夫妇，冬季前往萨拉曼卡，早春季节到穆尔西亚，然后又去巴利亚多利德，努力谋求会见高级神职人员和世俗的达官贵人，虽然争取到了一些支持者，但大多数人仍然讥笑他是个幻想家。

在这种一直毫无结果的等待中，到1488年初，哥伦布又写信给葡萄牙国王约翰二世，再次请求他赐予接见，并发给他护照，以预防他到里斯本后因债务问题遭到拘捕。

约翰二世立即给哥伦布回信，热情地劝他尽快动身返回葡萄牙，并保证他不会受到法院的拘捕。

在给哥伦布的信中，葡王约翰二世称哥伦布为"克里斯托弗·哥伦布，我们的特殊朋友"。他还在信中说：

"至于你因为这是件冒险的事，出于某种您所不得不考虑的原因而对我们的司法有所惧虑的话，我们可以通过此信向您保证，您可以

来去自由，决不会因任何民事原因或其他性质的罪名而受到逮捕、拘留、控告、传讯或起诉。"

国王态度转变如此之快，令哥伦布非常高兴。之所以如此，大概有两个原因：一是杜尔摩和伊什特列托并没有找到那个神话一般的安第利亚岛；二是巴多罗缪·迪亚斯继其他葡萄牙人之后第十二次企图绕道非洲海岸到印度去，但出海7个月后一直杳无音讯。在这种情况下，约翰二世开始将注意力转移到哥伦布身上。

但是，哥伦布并没有马上接受葡萄牙国王的邀请，可能因为他十分了解这位国王暴戾严酷的性格：对他认为的敌人下手毫不留情。所以，哥伦布不敢贸然返回里斯本。

在此期间，为了维持生活，哥伦布在塞维利亚开办过一个"制图家兼书商哥伦布兄弟事务所"，经营制图和售书业务。直到1488年12月，哥伦布才返回里斯本。

然而，在哥伦布返回里斯本前，巴多罗缪·迪亚斯已经远航归来了。当哥伦布和弟弟巴托洛梅来到国王约翰二世面前时，迪亚斯的3艘帆船正自豪地在特茹河上航行。伟大的船长绕过非洲南端——国王为其取名为好望角——远航到非洲东岸，但因水手哗变，迫使他折回葡萄牙。

在迪亚斯回来后，约翰二世对哥伦布再次失去兴趣。他的船长已经能够找到去印度的海路了，为什么还要投资到这个没把握的由西到东的航行计划上去呢？

在航行过程中，当船员们遇到风浪畏惧退缩的时候，只有哥伦布会勇往直前；当船员们恼羞成怒警告他再不返回去，就要叛变杀掉他时，哥伦布的答复还是那一句话："前进啊！前进啊！前进啊！"

第五章 "航海时代"的序幕

> 只要我们能把希望的大陆牢牢地装在心中,风浪就一定会被我们战胜。
>
> ——哥伦布

(一)

在葡萄牙未能实现梦想,哥伦布再次来到西班牙,因为他对行动迟缓的塔拉维拉委员会还抱着一丝希望。他的弟弟巴托洛梅也结束了自己的制图业务,开始一次长途旅行,试图向欧洲其他国家的某些国王兜售哥伦布的西航计划。

巴托洛梅首先从里斯本到达英国,希望能说服海因里希七世支持哥伦布的西航计划,但未能打动国王。两年后,他又到了法国,求助于查理八世。在法国,他获得了国王的妹妹安娜·德·贝奥热的好感和同情。在贝奥热的介绍下,巴托洛梅与法国国王建立了密切的关系。但对于横渡大西洋的计划,国王却没有给出任何支持的表示。

在西班牙等待期间哥伦布是如何生活的,我们不得而知。1489年5月,伊莎贝拉女王再次召见他,但召见的结果无人知晓。据记载,不久后哥伦布便作为志愿人员加入了包围摩尔人城堡巴札的军队中,并

且"表现得十分勇敢，这与他的智慧和崇高的目标相配"。

直到1490年底，特拉维拉调查委员会才给出自己的报告，但报告的结论却是否定的。参加审查哥伦布计划的委员们报告伊莎贝拉女王，称从西向东横渡大西洋的计划"基础是不稳固的"，它设想的利益"在任何一个有教养的人看来都是不可靠和难以办到的"；建议到亚洲的航行，即使船只能够回来也需要3年的时间，而能不能回来他们认为也是值得怀疑的；大西洋比哥伦布想象的辽阔得多，有许多地方要航行都是不可能的。

因此，在调查报告的最后指出：对于一个没人住而又有真正价值的地方，上帝竟然会向他的子民隐瞒这么多个世纪，这是不可思议的。

委员会对哥伦布西航计划的批驳十分坚决，但我们也应该承认，委员会所有论点中除最后一点外，其余都是很有道理的。使用当时制造的船只，即使船长和水手都十分勇敢坚定，即使他们都善于节约粮食，恐怕也没有哪只船能够航行上万英里，从西班牙到达日本，再从日本返回原地。

哥伦布的计划再次陷入僵局。他很清楚，要想实现自己的计划，就需要重新找到出路。而在当时的情况下，只有女王同意，他才能产生新的希望。伊莎贝拉女王曾向哥伦布表示过：在征服摩尔人的战争结束后，他可以再一次提出申请。

于是，哥伦布差不多又等了一年。这时，他的弟弟巴托洛梅来信让他去法国，希望能一起说服法国国王，实现他的西航计划。

由于在西班牙始终没有消息，哥伦布决定接受弟弟的建议。在动身前，他来到帕洛斯，想同儿子迭戈和一直照顾迭戈的德拉·拉比达修道院牧师德·马奇纳告别。在这里，修道院院长胡安·佩雷斯神父劝哥伦布再一次找女王碰碰运气。

在佩雷斯神父的鼓励下，哥伦布再次给女王写了一封信。1491年7

月，哥伦布终于收到了来自圣菲的女王的召见通知书。同时，伊莎贝拉女王还捎给哥伦布一批丰厚的礼物，其中包括一套相当讲究的衣服和一匹健壮的骡子。

1491年12月，哥伦布再一次出现在国王和女王面前。由于军队正在围攻格拉纳达，国王和女王的行宫就设在圣菲筑有坚固工事的营房里。

因屡次受到轻蔑对待而忧愤，且对西班牙的拖延政策感到气愤，又对法国的支持充满希望，哥伦布第一次在国王和女王面前公布了自己的条件：要求提升为世袭贵族；封为新发现陆地的副王和总督；任命其为"海洋统帅"（大西洋是当时已知的最大的海洋，当时欧洲人对太平洋的存在还毫无所知）；有权从获得的财富中提取八分之一和从王室在印度的企业和机构的销售额中提取十分之一；与管理那里的主管机关有共同发言权；一切头衔和权力都世袭后代。

而且，这次哥伦布的态度非常坚决，表示如果国王和女王不能答应他的全部要求，那他们之间就不需要继续谈判了。

费迪南国王和伊莎贝拉女王一言不发地听着哥伦布提出的那些他们难以答应的要求。最后，国王夫妇告诉哥伦布，他的计划最后被驳回，他们对海外冒险没有兴趣——站在权力顶峰的费迪南和伊莎贝拉对这位热那亚人追求副王的愿望简直不能理解。

于是，哥伦布再一次失败了。

（二）

1492年1月，西班牙拿下格拉纳达，费迪南国王和伊莎贝拉女王宣布不再接见哥伦布。他们认为，至少费迪南认为，这是他们最后一次接见哥伦布。

再一次受挫，哥伦布只好骑着他的骡子，把地图和仪器一齐装入驮包里，由他忠实的朋友胡安·佩雷斯陪伴着前往塞维利亚。他打算从那里由水路前往法国，与弟弟巴托洛梅会合，然后两人一起去向法国国王查理八世重新争取。

就在哥伦布离开圣菲这天，费迪南的王室司库路易斯·德·桑坦赫尔觐见女王伊莎贝拉，劝她接受哥伦布的条件。这位司库指出，哥伦布的远征费用不超过她的丈夫一个礼拜的招待费用。如果王室不愿意出这笔钱，他本人愿意为哥伦布筹措这笔经费。

至于爵位和报酬，哥伦布也只是说远航成功后，他才请求国王保证论功行赏。如果他果真远航成功，那么比起他所发现的新岛屿和发现到印度的新航路来，这些爵位和报酬简直都是微不足道的。

也许伊莎贝拉女王早就有意支援哥伦布，所以当路易斯·德·桑坦赫尔说完后，她欣然接受了他的意见，抓住了这个真正的最后机会。女王甚至提出要将王室的珠宝拿出来作为这项远航的费用，但桑坦赫尔认为完全没必要这样做。

于是，伊莎贝拉女王马上派出急使，在距离圣菲约6千米的一个小村子里截住哥伦布，将他叫了回来。

虽然伊莎贝拉女王改变了主意，表示愿意支持哥伦布的西航计划，但直到1492年4月下旬，哥伦布才与国王签订了协议书（通常称这个协议书为《圣菲投降书》）。

协议书承认了哥伦布的所有要求，并由费迪南国王和伊莎贝拉女王按照西班牙的风俗，隆重地在协议书上签上"我是国王"和"我是女王"几个字。

费迪南国王还颁发给哥伦布一张护照，护照言简意赅地用拉丁文写成，里面称国王已经派哥伦布率领3艘轻快帆船开往印度地区。同时，还颁给他国书，国书一式三份：一份给"大汗"（中国皇帝），另外两份是空白的，准备在到达某个国家时，按照当地的国王头衔名填写。

在这份协议书的基础上，4月30日，王室又制订了法律证书。这份新文件是由国王的秘书胡安·德·哥伦马撰写的，文件中称：发现者重新仅仅被称为"克里斯托弗·哥伦布"；他将去发现依然还未发现的"某些岛屿和陆地"；他"希望在上帝的帮助下将会发现和挣来"的这些地方；那些头衔，包括其他特权，也不言而喻地被推迟到"在发现和挣来上述大洋海的岛屿和陆地或这些地方以外的任何地方之后"再授予。

在文件签订后，哥伦布满怀希望地于5月12日离开了格拉纳达。

（三）

1492年5月22日，克里斯托弗·哥伦布作为由他提出的一切特权的所有者，从格拉纳达抵达了弗龙特拉的帕洛斯港，准备将这里作为自己的出海港。

之所以要选择这个小港口有几个原因。首先，哥伦布和本地最大的船主以及最有经验的船长宾松家族关系密切，所以在这里寻找船舶和海员都比较容易；其次，帕洛斯市的市政工作方面曾犯过一些错误，国王费迪南和女王伊莎贝拉便责成师长们"鉴于你们的失误给我们造成的损失"进行忏悔，因此要求这里拿出两条装备良好的轻快帆船作为处罚。

1492年5月23日，哥伦布和他的朋友——修道士胡安·佩雷斯出现在帕洛斯港的圣·乔治教堂。就在这个地方，公证员宣布了国王的命令：要在10天之内将两艘轻快的帆船做好一切准备，两船的全体船员也要在此期间征集齐备，并给他们预付了4个月的工资。

10天的时间显然是有些荒谬的。在出海前，哥伦布整整准备了3个月。最终出海时，给哥伦布使用的轻快帆船不是2条，而是3条。因为碰巧在此期间有1条来自加利西亚的帆船停泊在帕洛斯港，哥伦布租下这条船，作为自己的指挥船。

这条船名叫"圣·玛利亚"号，是哥伦布的船队中最为出色的1条轻快帆船。那时候，西班牙的船舶都有两个名字：1个是正式名称，前面照例都有个"圣"字；另1个是诨名，是海员们常用的。"圣·玛利亚"号的诨名叫做"拉·加莱加"号，也就是后来我们常称的"加利西亚"号。

原本属于帕洛斯市的两条轻快帆船，一条名叫"圣·克拉列"号，但它的诨名"尼娜"号更为著名。之所以取这个诨名，是因为它原属于帕洛斯的尼娜家所有。

还有1条轻快帆船名叫"平塔"号，比"尼娜"号要稍大一些，是1艘轻巧伶俐的快速帆船。哥伦布的海员们从它的甲板上首先看到了新大陆，它也首先从新大陆返回祖国西班牙。

3条快速帆船都是用石头作为稳船物。船的构架零件、部件等，都是用木钉连接起来的。这种木钉在美国的古老房屋构架中还能看到。

船身的吃水线上的外壳涂上了鲜艳的油漆，吃水线下面也涂了油漆，这样做渴望防止贝类软体动物破坏船底。

风帆上面画了十字架和纹章图案，每条船在进出港口时都要悬挂彩旗。女王伊莎贝拉的御旗挂在主桅杆上，迎风飘扬。御旗上面画着两座卡斯蒂尔城堡和两头莱昂狮子，按旗面四等分，交错排列。在船首前桅和后桅上，挂着远征探险队队旗。队旗是白底上缀着绿色的十字架，十字架端画着一个王冕，表示所到之处都要向阿拉贡国王退让。

3条船上都安装了小型的原始大炮，以反击海盗和防止其他意外事件发生。但它们不是军舰，因为船上既没有炮手，也没有士兵。

除了快速帆船的装备外，哥伦布还要招募海员，这对他来说是件比较困难的事。虽然费迪南国王和伊莎贝拉女王向所有的罪犯保证，只

要他们参加哥伦布的远航，就赦免他们的罪行，但到处都流传着这样的谣言，说这个热那亚人同一群乌合之众——"一群恶棍"去航行。

幸好有帕洛斯市的宾松、尼尼拉、金泰罗这三个主要航运世家的热心支持，哥伦布才找到了随他一起西行的海员。在海员中间，只有3位意大利人和一位葡萄牙人，其余的几乎全部都是出生在安达卢西亚的与宾松等几个家族有亲缘关系或熟悉的海员。

在3条船中，马丁·阿隆索·宾松指挥"平塔"号，他的弟弟弗朗西斯科任领航员（相当于副船长或大副）；他的另一个弟弟维森特·亚涅斯·宾松负责指挥"尼娜"号，这条船的船主和领航员是胡安·尼尼约。"圣·玛利亚"号是指挥船，由哥伦布负责指挥，也由他担任船长，这艘船的舵手由胡安·尼尼约的弟弟佩拉隆索·尼尼约担任。

每艘船上都有医师和舵手，舵手负责指点航向和航程。船队还有几个专门的人才，一个是路易斯·德·托雷斯，他是受过洗礼的犹太人，懂阿拉伯语。大家认为，他懂得阿拉伯语将来可以与中国人和日本人通话。第二个是罗德里果·德·埃斯科贝多德，他是船队的秘书，负责正式记录所发现的地方和人物。第三个是罗德利果·桑切斯，是国王的稽核官，他的主要职责是为国王获得应得的一部分黄金。还有一个就是迭戈·德·哈兰纳，是哥伦布继配的堂兄弟，出任船队的总管。

在3艘船上，"圣·玛利亚"号上共有39名船员，"平塔"号上共有26名，"尼娜"号上共有22名。除此之外，还可能有其他的两三人。这样一来，就使得参加远征探险队的总人数达到了90人。

这些人为了争得荣誉、获得黄金和猎奇探险，打破害怕新事物的习惯，毅然向大洋大海走去。虽说荣誉和黄金只有那些在远征途中幸免于难、能活着回来的人才能拿到手，但命运却使他们参加了人类历史上最伟大的一次探险航行——哥伦布的首次远洋航行。

每年的10月12日或10月的第二个星期一，被称为"哥伦布日"，因为这一日正是哥伦布在1492年登上美洲大陆的日子。"哥伦布日"是美国于1792年首先发起的，当时正是哥伦布发现美洲300周年的纪念日。到了1893年，芝加哥举办了哥伦布展览会，并举办了盛大的纪念活动。从此，每年的10月12日，美国大多数州都会举办纪念活动。

第六章　焦虑不安的航程

世界是属于勇敢者的。

——哥伦布

（一）

　　1492年8月，出发前一切准备终于就绪了。8月2日夜晚，是船队出发前在岸上度过的最后一个夜晚，街道上和酒馆里都挤满了人，但却没有任何兴高采烈的气氛，每个人都在与家人告别，难舍难分，情绪低落，仿佛今生再也见不到了一样。为此，市政当局还派人严守城门，防止船员在出发前的最后一刻临阵逃跑。

　　到了半夜时分，圣·乔治教堂的大钟敲响了，钟声嘹亮悠长。哥伦布与所有参加远航的船员以及市民们一起聚在码头上。拉比达修道院院长胡安·佩雷斯为他们作了弥撒，为他们航行成功而祈祷。在场的所有人都跪在地上祈求上帝的祝福，仪式拖得很长……

　　8月3日（星期五）的清晨，当地平线上刚刚发出最初的曙光，映红卡斯蒂利亚平原上的朵朵云彩时，哥伦布在胡安·佩雷斯神父的陪同下，登上了指挥船的甲板，发出了起航的信号。

　　在太阳升起前的半小时，水手们解开缆绳，收起滴水的锚缆，扬起白色的、画着十字和其他宗教标记的船帆，3条航船利用早晨的落潮顺廷托河而下。

在船起航时，帕洛斯的所有居民都聚集在沙丘上，从他们中间传来的有鼓励的叫喊声，也有担忧和抱怨的喊声，随后便是一片沉静，只有沉重的白蜡木桨在桨环里发出嘎吱嘎吱的声音。在萨尔特斯河内，落潮的水流上漂浮着帆船，刺骨的风将船帆吹得满满的，并将帆船带过沙洲。

这时，指挥船上的哥伦布命令航船走西南航线。于是，"圣·玛利亚"号、"平塔"号和"尼娜"号慢慢地消失在刚刚破晓的晨色中……

此时此地的哥伦布应该是"别有一番滋味在心头"，他百感交集，仿佛在回忆年少时的梦。恍惚间，他好像觉得汹涌的海水扑面而来，自己怀抱着一条木桨在海里挣扎；忽然，一个骑着快马的葡萄牙密探向他疾驰而来；公爵的通红的脸、恶狠狠的目光、声色俱厉的呵责……往日生活的场景一幕幕浮现在他的眼前。多少担心，多少失望，多少焦虑，等待盼望着这一天，头发都熬白了！最可宝贵的青春岁月过去了，他已经42岁了，但他觉得现在自己正当壮年。

现在让他感到心满意足的是，他终于可以大展宏图了。6年来，他受过的嘲笑和奚落、挫折和失败，都像船边的流水一样转瞬即逝了。他独自一人站在船尾塔楼上，一副海洋统帅的派头，踌躇满志，浮想联翩。前面等待着他的，是即将发现的岛屿，是总督的冠冕……

这的确是一个抱着美好愿望的船队，它的成功肯定能够根本改变世界历史的面貌。正好在它启程上路时，另一支船队——痛苦和悲伤的船队——也正在沿着同一航道航行着。这支船队载着最后一批被费迪南国王和伊丽莎白女王驱逐出境的犹太人，趁着同一次早晨落潮离开萨尔特斯水域。

哥伦布远航计划比较简单，这也保证了远航的成功。他必须避开北大西洋上空狂暴的顶头风，避开那里可怕的、黑压压的、不可遏止的巨浪。那里的狂风和巨浪挫败过多少葡萄牙的航海家啊！因此，哥伦布在到达加纳利群岛以前，利用最常见的北风向南航行。在到达加纳利群岛后，再从这里转个90°的大弯，折向西行。往年哥伦布在沿非洲海岸航行时，早已发现在加纳利群岛上的这一纬度带上，冬季的风总是从东方吹向西方。而且，这一带海洋面上多半是像贮水池中的水一样，平静无波。

另外，哥伦布决定从加纳利群岛向西航行还有一个更为重要的原因，那就是这些岛屿跨北纬28°。哥伦布相信这一纬度线可以穿过日本，在穿过日本以前，还会先通过神秘的安第利亚岛，而安第利亚岛是航队预定继续西航的中转站。

距离当时大约100年前，天文钟已经成为测量时间的通用仪器，海员们照例是先试着寻找他们目的地的纬度，然后再开始他们的西行（或东行）航程，直到到达目的地为止。哥伦布做过计算，日本的位置距离加纳利群岛正西仅仅2400海里，所以他认为，从加纳利群岛出发向西航行就可以到达日本。

（二）

哥伦布率领船队出发时，天气晴朗而温和，船队顺风向南驶去。早上8点，船队顺利地越过了廷托河入海口处的萨尔特岛。哥伦布随即下令向西南方向行驶，朝着加纳利群岛方向前进。第二天和第三天，船队一直保持着这一航向。

海面上风平浪静，海风轻轻拂面，景色十分壮观，再也没有什么能比这么舒适的天气出航更能鼓舞水手们的士气了。马丁·阿隆索·宾松指挥的"平塔"号上，刚刚出航时那种离愁别绪的沉郁情绪一扫而光，船员们都抑制不住自己舒畅激动的心情，有人甚至还唱起歌来。

紧接着，在维森特·亚涅斯·宾松指挥的"尼娜"号上，水手们也禁不住唱和起来。他们唱安达卢西亚的抒情歌或摇篮曲，也有人唱一些熟悉或不熟悉的水手们喜欢的歌。有些歌甚至完全是即兴的创作，有的是用旧的曲调换上了新的歌词。

8月6日，也就是出发才三天的星期一，"平塔"号驶近哥伦布的大帆船，马丁·阿隆索·宾松走到船舷边上，高声对哥伦布喊道：

"舵断了，船舱进水了。"

哥伦布一听很生气，怀疑是有人故意破坏，企图迫使他结束航行，返回西班牙。他在自己的《航海日记》中记录了这件事，认为船舵是因有人故意搞鬼脱了环。他写道：

> 我怀疑是在马里斯多夫·金特罗的唆使下——因为他是船主，不愿参加这次航行——由戈麦斯·拉斯孔干的。在出发以前，我就发现他们在搞各种欺骗行为和阴谋诡计。

但是，一次破坏活动就能让船队返回西班牙吗？显然是不可能的。哥伦布抖出海洋统帅的威风，命令马丁·阿隆索·宾松上船见他，并与马丁交换了看法，商量着到加纳利群岛也许能找一条船替换"平塔"号。

第二天，水手们就成功地把船舵挂上了。这次修理不仅挂上了船舵，还发现了"平塔"号上的一个小漏洞。

哥伦布命令航向为加纳利岛，因为考虑到那里可以获得有经验的工匠的协助。在一段风平浪静的旅程中，船队顺利抵达拉斯·帕尔马斯

岛，哥伦布决定把"平塔"号委托给马丁·阿隆索·宾松，让马丁在这里停船修理，他自己则率领"圣·玛利亚"号和"尼娜"号继续前进。

船上生活是十分艰苦的，食物就需要在甲板上烹调，而且老是腌肉、面包干和豌豆等。桶装的淡水因存放太久，逐渐出现腐坏。船上的人中，只有哥伦布和船长才有单舱和吊床，其余船员每天只能随便找个地方和衣而卧。

夜里，海面上刮起了强劲的海风，"圣·玛利亚"号和"尼娜"号一路顺风，驶往戈梅拉岛。戈梅拉岛位于群岛的最西面，整个群岛都是西班牙人从土耳其人手中夺取来的。

8月12日晚上，"圣·玛利亚"号和"尼娜"号都在圣塞瓦斯蒂安港口停泊了。在他们面前呈现着一幅迷人的美景，一个城堡耸立在小城的制高点，城市的四周是光秃秃的山岩，树木茂密的高坡和一条从高山上倾泻而下的溪流。

哥伦布带领船员们上岛储备淡水，购买粮食、干酪和腌牛肉等。他们在这里过了9天，等待"平塔"号的到来。但"平塔"号始终未来，哥伦布不放心，便起程前往拉斯·帕尔马斯岛考察"平塔"号的修理情况。

8月25日，哥伦布抵达拉斯·帕尔马斯岛。"平塔"号在这里附近的锻工场里换上了新的船舵，木工又填塞了船上的漏洞。随后，装帆工还将"尼娜"号改装成为一艘圆船尾的三桅帆船。

在这些工作结束后，9月1日，三艘船又聚集在圣塞瓦斯蒂安，再次装满储备物资。

（三）

加纳利群岛由特内里费岛、大加纳利岛、拉帕尔马岛、戈梅拉岛、

费罗岛、兰萨罗特岛和富埃特文图拉岛等7个主要岛屿和若干小岛组成，分东、西两个岛群。

群岛位于靠近非洲北边一角的地方，距离摩洛哥西边大约60海里。加纳利的名称是罗马人用拉丁文"卡尼"（Canis）给取的。"卡尼"的意思是狗，因为这些岛上繁衍了许多的大种狗。在哥伦布来到这里时，西班牙和其他欧洲海员发现这些岛屿已经有100多年了。

在从帕洛斯出发时，水手们以为他们此一去将再难返回，他们的脚也不会再踏上陆地了。但出发仅仅一周，他们就到达了美丽迷人的加纳利群岛上。

哥伦布在准备从加纳利群岛起程时，一条西班牙快帆船的船长从伊埃洛岛来见他，称发现有3艘葡萄牙航船正在该岛附近海面活动，好像有前来寻衅的意思。

哥伦布怀疑这是葡萄牙人虚张声势，但他还是加快了行动的步伐，船队快速地向西进发。大加纳利岛慢慢地消失了，船队驶近了特内里费岛。

在这个岛上，船员们看到了约3.7千米高的火山正在爆发，火山向天空猛烈地喷射着火焰和烟尘。当时，太阳已经落山，在夜幕之中，山巅喷薄而出的一股股火焰仿佛是从山岩流下的一条红色的河流，鲜红而耀眼。

有人曾在艾特纳和维苏威见过这样的场面，但在这里，在这个他们所认为的世界的"边缘"上，在这次前途未卜的远航过程中，船员们都认为这可能是一个不祥的预兆。但海洋统帅哥伦布说，这是上帝在为他们壮行，他们应当赞美这种壮丽的景观，而不应该为此感到害怕。

在离开特内里费岛后，第二天早上，太阳还未曾露出笑脸，哥伦布的船队就来到了费罗岛——铁岛。这也是船员们在进入大洋之前能够看到的最后一块陆地。

9月6日，船队在这里拔锚起航，与旧世界这最后一块土地告别。船队仍然经过岩石陡峭的费罗岛。由于海面平静，风向不定，到9月9日时还能远远地望见费罗岛和特内里费岛的最高峰。

直到这一天的傍晚，大陆的最后一丝踪影才消失在东方的地平线上，只有3艘孤零零的帆船航行在烟波浩渺的大洋中。海洋统帅哥伦布亲自为3艘航船导航：

"向正西前进，不要偏北，也不要偏南！"

在9月9日的《航海日记》中，哥伦布记录了一句很特别的话。当船队还在费罗岛附近时，哥伦布就在日记中写道：

> 我们又走了60海里。我决定登记的数字要小于我们实际航行的路程数，以便我的人员不致因航行过久而气馁。

哥伦布的这一做法可谓一箭双雕：他既可以达到预期的心理上的效应，又可不必向干扰性的竞争对象提供真正的航程。但有趣的是，后来美国海军历史学家证实，哥伦布为蒙骗别人而记下的里程数反而比较合乎实际的情况；相反，他所信赖的数字却大大偏离了实际的情况。

9月13日，海洋统帅哥伦布忽然获得一个令他吃惊的消息，次日也被舵手证实：由罗盘针和北极星指示的北方不再一致。根据亚历山大·冯·洪堡的意见，这是"航海天文学中一个值得纪念的时刻"，因为它标志着发现一条无磁偏角地带。如果说，人们在欧洲水域只观察到一种向东方的磁偏角，那么这一磁偏角在这里却是向西偏了。

现在的人们很难理解当时那次确定船的方位怎么会引起船员那么大的恐慌，可对当时的船员来说，罗盘几乎是他们唯一的指路标，而北

极星则是最可靠的基准点，因此称它是他们海上的"伯利恒星"（伯利恒是耶稣的诞生地）。所以，这样的情况让他们感到害怕也就不难理解了。

9月17日，舵手们确定了北方，并且认为，罗盘的指针正好向西北偏差了一个刻度线（一个刻度线约为3°）。当时，船员们因受到惊吓和恐惧都感到束手无策，但他们的海洋统帅哥伦布却保持着清醒的头脑。

经过系统的观察，到9月30日，哥伦布又恢复了对罗盘的信任，原因是他认为这可能是星星在运动，并不是罗盘针的问题。

（四）

9月19日，船队在离开费罗岛10多天后，进入到风雨交换地带。根据哥伦布的海图，他们应该已经走近神秘的安第利亚岛了。这时，全体船员都热切地期望着他们能够马上再次看到陆地。

海洋统帅哥伦布甚至开始用测深铅锤测量海洋的深度，可是下去200㖦（1㖦＝6英尺＝1.8米），铅锤还没有到底。这是不足为奇的，因为当地的海洋深度大概可达到2300㖦。

此后的5天时间，船队只航行了377千米。天气晴朗，风和日丽，船只上的海员之间也开始交谈起来，他们谈论着能够找到哪个岛屿，比如圣布伦丹岛或安第利亚岛。

有一次，当船员们正在谈论时，忽然"平塔"号上的一个水手高兴地大喊起来：

"啊，陆地！"

大家听到后，都纷纷站起来向水手手指的方向望去。哥伦布见状，马上双膝跪下，感谢上帝。他还吩咐全体船员高唱《光荣归于至尊的

上帝》，并让船队朝这个海岛驶去。

但最后他们却没有看到这个海岛，而且根本也没有什么海岛。所谓的海岛，只不过是西方地平线上一列与陆地相似的云彩而已。这在海上是十分常见的现象。

马丁·阿隆索·宾松希望能继续寻找这个海岛，但哥伦布不答应这样做。他说：

"我们的目的是到印度去，停在这里毫无意义。"

虽然马丁·阿隆索·宾松感到不满，但哥伦布还是尽量用温和的态度劝解他，他不能在船上引起公开的对立，因为宾松对自己的同乡船员有极大的影响。所以，哥伦布只好将不满和怨恨全部倾诉在自己的《航海日记》当中。

以后的6个昼夜，船队只走了132千米。在这种情况下，船员们开始发牢骚。整整3个星期他们都没见过一片陆地，这是他们从未经历过的。他们开始相互抱怨、指责，这并不奇怪。即使在现在，在长期的航行中也难免会发生这样的情况。

在天气晴朗的日子里，人们除了日常琐事之外，根本无事可做，要做的也许只有捕鱼。不满情绪在滋长，个人小集团也在形成着。他们开始暗中议论：每过一分钟，每航行一海里，他们就离西班牙越来越远了。前面到底有什么呢？除了这个该死的热那亚人想象中看到了什么之外，也许根本就什么都没有。还是逼他回头吧，要不，就把他扔到海里去！

其实，哥伦布比3条船上任何1名船员都着急，但他要极力掩饰自己的不安。船员们经常看到他们的统帅在上层甲板上前后左右大步地走来走去。有时，他还会从住舱里拉出一张椅子来，几小时一动也不动地坐在那里，目不转睛地盯着前方。他手中的那张羊皮海图被他下意识地用手搓卷得越来越细。有时，他又会突然间站起身来，消失在他的住舱里，舱门"砰"的一声被关紧。

但是，哥伦布不敢单独在船舱中待得太久。在这些日子中，他不但要密切地关注着航行情况，还要监视船员们的情绪。他已经明显地发现了船员们的不满情绪，因为船员们开始消极怠工了：甲板上脏乱不堪，长久无人清洗；缆绳头松散零乱地扔在一旁，再没有整齐地盘卷好；抹布堵在排水孔里；脏水桶在甲板上滚动……

面对这种情况，哥伦布只能好言相劝，努力说服他们，给他们许诺将来的种种好处。他很清楚，在目前这种不满情绪蔓延的情况下，如果对船员采取粗暴的压制手段，只会更加激发他们的反抗情绪。

哥伦布极力忍耐着内心的不安。当好言相劝和种种许诺都不能再发挥作用时，他就只能求助于上帝了。他说：

"你们这样抱怨也没有用，我是受命于上帝的，不到达印度誓不罢休。"

虽然船员们都笃信宗教，但哥伦布的这些话并没有起到多少作用。

为了转移众人的注意力，给航行注入新的动力，哥伦布宣布了一条国王和女王的悬赏命令：第一个看见陆地的人，将获得1万马拉维迪年金的奖赏。

有了实实在在的利益诱惑，船员们的情绪再次被调动起来。于是，船员们一个个轮番爬上望台，极目张望，希望自己可以成为那个幸运的中奖者。

在这种焦虑不安的情绪之下，3条船你追我赶，以更快的速度疾驶着……

第七章　发现新大陆

我是受命于上帝的，不到达印度誓不罢休。

——哥伦布

（一）

1492年10月7日，船员们远远望见地平线上出现了陆地，实际上他们又一次被海上幻境欺骗了。这一天，船队的上空出现了一大群鸟儿，它们纷纷朝着西南偏西方向飞行——这是鸟群从北美东部向西印度作秋季迁飞。

哥伦布认为，船队最好能跟踪鸟群迁飞的路线，而不要完全依靠自己的海图。当晚，他适当地改变了航向。

这一招非常成功，他的确是循着最短的路程向最近的陆地前进。现在，船员们的心里都很高兴，他们每晚都趁着满月仰望着鸟群飞翔。到了10月10日，信风加强，使得船速达到七节。11日，风力相同，船队又遇到了强大的顺流。

眼下，陆地的迹象，如树枝、绿叶和花朵等，都频繁地出现。事实终于使得船员们完全信服了他们的总指挥的决断，反叛情绪和怨言怪语也消失得无影无踪，取而代之的是一致渴望在印度海岸登陆。

　　10月11日傍晚，当太阳刚刚落到地平线下时，东北信风忽然变成了风暴，船舶开始以九节的速度向前飞行。但是，哥伦布禁止水手缩帆，因为他许诺前进的时限已经到了。他以海洋统帅的身份发出信号，命令每个人都要特别警惕地注视前方。

　　在这个具有决定性意义的夜晚，天空晴朗，万里无云，月亮迟迟才出现在天边。可是，海里却浪涛汹涌——这样的浪涛，船员们在整个航程中还是第一次遇到。

　　船员们满怀期待，又焦急又担心；而哥伦布却处之泰然，心情平静。他相信，现在上帝正准备把应允给他的印度展示在他的面前。

　　晚上10点钟，在月亮上升前的一小时，哥伦布与一个船员差不多同时觉得：他们看到了光——"仿佛一支小小的蜡烛，烛光摇曳，忽明忽暗的"。另外，其他人也觉得好像看到了这个光，不过大多数人什么都没看到。

　　过了几分钟后，光完全消失了，这让船员们非常失落，因为他们发现，看到光的现象可能只是因为他们的注意力过分紧张而引起的错觉、幻觉。

　　哥伦布也开始不安起来，在甲板上来回走着，以询问的目光望着瞭望哨。他曾许诺给第一个报告大家所盼望的消息的人，除了国王夫妇馈赠的1万马拉维迪外，还有一件丝的短上衣。现在，是"主的示意"和自己的计算欺骗了自己呢，还是人们不久将用镀金的轿子抬着他——一位热那亚纺织工的儿子，越过大理石的金水桥去觐见中国的大汗呢？

　　航船继续前进着，激起一阵阵的水花。在月色的照耀下，被船头激起的浪花与航船过后在水面上留下的尾迹都泛着银白色的光。此时，三艘航船都在以最大的速度前进。夜班第六个沙漏时计快要结束了，

眼下沙子正从它的中间漏出来。再有几个瞬间，命运就会将沙漏时计翻个边。

沙子快要漏完了，最后一撮沙子便预示着一个新的时代，历史也要开始展开新的一页了。自从耶稣降生以来，人类历史上还没有哪个夜晚，会像这个夜晚这样意义重大。

第二天，1492年10月12日，星期五。凌晨2点钟，航行在三艘船最前面的"平塔"号航船上。这时，在前甲板上的一个目光锐利的水手——胡安·德·特里阿纳忽然发现在船的右前方，西边的地平线上，有一个石灰色的悬崖似的东西，正沐浴在灰色的月光中，若隐若现。

德·特里阿纳激动地大声高喊起来：

"快来看啊，陆地！陆地！"

这一次，他们确实是见到陆地了。船员们马上欢呼起来，相互拥抱，在甲板上旋转跳舞。他们卸下炮衣，装上火药，急于要点火开炮，但有人却冷静下来，要求等一等，等到确定是陆地之后再点火。

这时，云雾渐渐降了下来，陆地又变得模糊了。一直在测水深的船员在一旁喊道：

"水深20米。"

随后，船的前进深度越来越浅。最终，马丁·阿隆索·宾松看清了确实是陆地以后，才命令船员们吹号、鸣炮、升旗，以示庆祝。

此时，天色依然很昏暗。虽然已经接近陆地，但岸边的水下布满了珊瑚礁，哥伦布不敢贸然靠拢，便下令卷帆，三艘航船时走时停地耐心等待天亮。

夜色逐渐消退，天空由黑变灰。现在，即使是在晨雾的笼罩之下，也能清晰地看到长长的海岸线了。船队航行到一个小岛的背风面，然后绕道西行，在一个河湾靠近后，才安全抛锚。

这里的海岸边布满了闪闪发亮的珊瑚，哥伦布首次登陆是在一个慢坡上举行的。海洋统帅哥伦布乘着指挥船带来的一只小艇上岸，小艇上的国王御旗迎风飘扬。船长宾松兄弟也乘坐着自己的小艇上岸，小艇上悬挂着他们的远征队旗——白底上缀着绿十字。

上岸后，大家都激动不已，"流出了欢喜的眼泪，跪在地上，抚摸着土地，感谢上帝"。随后，哥伦布站起身来，拔出自己的剑，庄严地宣布以陛下的名义占领这个岛屿，并宣布为这个岛取名为圣·萨尔瓦多。

同时，他还不失时机地命手下随从向他这位"印度国"的副王宣誓效忠。当周围的人亲吻他的双手时，他认定自己终于到达了目的地。

（二）

哥伦布率领的三艘航船登陆的小岛，是加勒比海巴哈马群岛中的一个小岛，当地人称之为瓜纳哈尼岛。

"巴哈马"在西班牙语中是"浅滩"的意思。巴哈马群岛包括从佛罗里达海角绵延至海地1000多千米范围内的3000多个岛屿和珊瑚礁。

哥伦布仔细地查看了他的海图，认定这就是靠近日本本岛北面的列岛中的一个。他坚信，只要他们继续向前航行，日本半岛就会指日可到。

在黎明的晨光中，展现在这群西班牙人面前的是一个地势平缓、长度约有十几千米的岛屿。岸上林木茂密，土地未经垦殖，但很明显这里有人居住。

果然不久，船员们便发现岛上有许多赤身裸体的人群。这些人看到他们从未见过的船舶和一些与他们完全不同的海外来客，开始时有些害怕，偷偷躲在树林中窥视。但由于好奇心的驱使，不久他们就慢慢地向这些来客靠拢过来，还热情地给这些来客们赠送礼物。

哥伦布本来是想遇到一些老于世故的东方人，结果没想到遇到了这样一些野蛮人。但是，他依然像往常一样，善于利用每种情况。他在10月12日的日记中写道：

> 不久我便认识到，他们是这样的一些人，他们只是由于我们的温良，而不是由于我们的刀剑才归附于我们神圣的信仰的。因此，我决定以友好的方式取得他们的信任。于是，我送给他们彩色的圆帽和玻璃珠项链以及一些便宜的小礼物。这些小礼物令他们欢欣雀跃，也使他们和我们很快就成了朋友。
>
> 他们游到我们的船边，用鹦鹉、棉线团、木叉以及其他的东西向我们换取玻璃珠和小铃铛。他们也很愿意接受我们的赠品，并乐意把自己的东西送给我们。
>
> 但是，不管从哪方面来说，我都觉得他们是个十分贫困的民族，男人和女人都赤身裸体。在他们当中，我只看到一个年幼的小姑娘，其他人大概都不到30岁。他们身材很好，健美壮实，面孔极其讨人喜欢。他们的头发就像马的鬃毛，浓密而蓬乱，额头前的头发短短的，后面是一缕缕长发。
>
> 他们生来就像是加纳利群岛的岛民，既不黑也不白。有的人身上涂成了灰颜色，有的人涂了白色或红色以及其他什么颜色。一些人只涂了脸，另一些人涂了眼睛和鼻子，有的人还涂了全身。
>
> 他们都没有携带武器，也不认识什么武器。当我把剑拿给他们看时，他们由于无知竟然握住剑刃而把手割破了。他们没有铁，所以他们的矛也都不是铁制的，而是用鱼的牙齿或别的什么锋利的尖锐物做的。

总体来说，他们体魄健壮，动作优美。

我看见他们之中的几个人身上留有伤痕，当我借助手势问他们这些伤痕是怎么来的时，他们也用手势告诉我，是邻近各岛的人经常来攻打他们，要俘虏他们，他们是在被迫自卫时受伤的。

我相信他们的话，而且至今也认为，大陆上的人来到这里就是为了奴役岛上的居民。他们必定是良好而忠实的仆人，而且素质优良。我确信，他们很容易了解并重复我告诉他们的话；我也相信，他们可能很容易就归顺于基督教，因为他们似乎不属于哪一种宗教。如果陛下愿意，我将在回国时带6名男子献给国王陛下，让他们学会我们的语言。

哥伦布显然认为自己已经到了"印度"，所以他就把这些人都称为"印度人"。从这时开始，说各种欧洲语言的人就把美洲本地人称为印度人，即印第安人。这也是印第安人名称的由来。

其实，当哥伦布到达新大陆时，土著居民在这里已经生活了成千上万年了。据估计，当时有700余万人生活在墨西哥、中美洲和加勒比一带，另有1000万人生活在南美，还有100余万人生活在大陆的边缘地区，也就是现在的美国。

哥伦布在到达巴哈马群岛时，群岛上生活的居民为大安地列斯群岛的阿拉瓦克人，即西班牙殖民者们所称的泰诺人。泰诺人是从南美大陆迁徙而来的，定居在巴哈马群岛、古巴和牙买加一带。他们所用的语言也属于阿拉瓦克语系中的一个支系。他们会烧制陶器，会编织篮子、渔网，纺织棉布，还会使用尖棍挖掘土地种植玉米、棉花、薯蓣、烟草等。这里民风淳朴，居民们个个都性格善良。

这些土人都是自然之子，哥伦布在自己的《航海日记》中还写道：

他们邀请你分享他们所有的一切，尽量向你表示真心诚意，仿佛想要把自己的心掏出来给你一般。

由于将这些人当成了印度人，哥伦布犯了一个错误，但同时他又是这个错误的受益者。哥伦布认为，印第安人奇特的脸谱最有力地证明了他们已经到达通向日本和大汗天堂的门槛。他写道：

他们的鼻翼上挂着的金子一定是当地产的，但是，我不想浪费时间让人去寻找黄金，因为我力求让人们相信，我能够登上日本岛。

当时，黄金已经成为人们衡量成就的唯一尺度，因为他们毕竟不是为了获取地理知识才离开家乡远涉重洋的。

（三）

哥伦布花了两天的时间认真考察了圣·萨尔瓦多。这是一个漂亮的岛屿，丛生着热带的森林，可哥伦布完全清楚地知道，不管发现新岛和发现黄金时代的人多么有意义，他毕竟应该将访问日本或中国的某些证据带回西班牙，或者把大量的黄金和香料送回西班牙才行。否则，就是宣告航行失败。

从无心的主人们的手势中，哥伦布得知：从这里向西、向南还有不少海岛。哥伦布仿佛觉得，那些岛屿就是他的地图上日本国南面的那些岛屿。如果那些岛屿不能把他引向繁荣昌盛的日本，也一定是通向中国的踏脚石。

于是，哥伦布雇用6名印第安人作为向导，于10月14日下午离开圣·萨尔瓦多，启程向西南航行。但由于发现船的四周海面突然冒出许多锋利的珊瑚礁，船在夜间行驶时便放慢了速度，最终停在巴哈马海域中。

水面上闪着神秘的微光，巨大的魟鱼从海面划过，又带着轰隆隆的声音回到水里。为了躲避魟鱼贪婪的追踪，鱼群在水银一般的海面上蹦跳。孤独的海鸟犹如游荡的幽灵，发出可怕的嘶叫声，划破了宁静的夜空。

次日清晨，远处的群岛依稀可见。它们看上去与圣·萨尔瓦多十分相像，哥伦布将这座群岛命名为圣·玛利亚·德·拉·康赛普西岛（现在较为普遍的叫法是鲁姆岛）。

在这个岛上，也住着许多与圣·萨尔瓦多居民十分相像的居民，他们也很喜欢哥伦布赠送给他们的小礼物——红色的尖顶帽子、玻璃珠和猎鹰用的铜铃。

本地向导想讨好哥伦布，便用手势表示：再继续前进，在其次的一个岛上能找到大量的黄金。于是，船队继续向前行驶。在《航海日记》中，哥伦布阐述了自己的意图：

在接近日落的时候，我停泊在上述海角附近，为了了解那里是否真的有黄金。从圣·萨尔瓦多带来的当地人告诉我，这里人的手臂和腿上都戴着大金环。虽然我认为这些说法都是虚构的，他们无非是想在船靠岸的时候逃走，然而我仍然不想从岛旁驶过时而不去占领它，尽管这不重要。因为，如果占领了其中的一个岛，就等于占领了所有的这几个岛。

可是，哥伦布的航船走遍长岛、克鲁克德岛和福尔岑岛，结果发现这些岛屿与圣·萨尔瓦多并没有什么差别。

这是一些地势低下、热带丛林连绵不断的小岛，岛上的居民也都是热爱和平的人。实际上，这些岛上的居民与圣·萨尔瓦多人均属于同一民族。他们都允许外人在岛上自由漫游，向游人们赠送水果，但谁也没有有价值的金首饰。即使是一点装饰品，也都是从别的地方弄来的，他们能从哪里弄来黄金呢？

作为欧洲人，哥伦布是第一个在这里看到有玉蜀黍（包谷）、薯蓣和马铃薯的人。他也看到了用本地棉线制成的绳床。他偶然见到一种木材，就有远见地预料到从这中间可以制出燃料来。不过，哥伦布并没有在这里发现任何有黄金的痕迹。

哥伦布又将希望寄托在南边较远的一个大岛上，因为印第安人告诉他，那里有黄金和香料，那里还经常有大船开来，有交易场所。于是，船队又驶过巴哈马海滩东边平坦而有沙面的岛屿，哥伦布称这些岛屿为阿雷纳斯群岛（包括西尔、西斯特、南沙洲、努尔斯沙洲），随后向有重要发现的西南航线驶去。

10月27日傍晚，落日的余晖映照出东方的群山——胡安娜（古巴）出现在天际。哥伦布被这里优美的热带风光吸引住了。他在日记中写道：

> 阳光把这片景象染上了一片金色，要对它作一番描写，我是无能为力的。陡峭的山峦使我想起了西西里岛，幽深的山谷，野花烂漫的草原，浓绿的森林，抖颤着斑斓鞘翅的昆虫，鸟儿彩色的羽毛冉冉闪光。一条宽阔的河流引导我们去探察这个小岛，河流两岸矗立着郁郁葱葱的大树，丰硕的果实结满了枝头。
>
> ……

这片明艳的花园、绿油油的树木，迷离诱人。坦率地说，我不忍舍此登程而去，这是我迄今所见到的岛屿中最为美丽动人的岛屿……

（四）

开始时，哥伦布和其他船长们认为这个岛就是日本了，但是，在长满枝繁叶茂的马齿苋属植物的地面上，并没有岛上主人的船只。在山脚下的大棕榈树林里，他们也没有找到金碧辉煌的宫殿般的屋顶。显然，居住在这里的人与他们直到当时所见到的各岛上的人群都一样，都属于某种文化阶段。

首先，当船队刚一靠近，岛上的人就都躲起来不露面了。在哥伦布沿着古巴北岸向西北一直航行到今天的帕德雷港期间，他曾几次登上岸，并记录了他在当地看到的然后又匆匆离开的茅舍：

屋内打扫得十分干净，室内的陈设都带有丰富的装饰物。我们看到很多表现女性形体的造型艺术品以及大量制作精美的面具。此外，便是一些人们熟知的器具：骨制的鱼钩、木制的长矛和植物纤维织成的网等。

在从圣·萨尔瓦多带来的印第安人的帮助下，哥伦布与当地人有了进一步的接触。从当地人的言谈中，哥伦布得知该岛上住着一个国王。哥伦布从登陆的地方努埃维塔斯·德普林西比的海湾派出了精通希伯来语和阿拉伯语的路易斯·德托勒斯和在几内亚曾与一个非洲酋长有过交谈的罗德里格·德·耶勒斯前去侦查，并派两名印第安人随行。

不过，被派去侦查的人并没有带回有用的消息，他们回来后只是

向哥伦布报告说，他们到了一个较大的地方，在那里受到了友好的接待。而对于有关黄金、珍珠和香料的问题，他们却避而不答。

不过，他们还是带回了一点有关某个金矿的消息。对于该金矿的储藏量，哥伦布自然是不得而知，但他却知道，将来它会成为国家财政上源源不断的收入来源。

11月6日，哥伦布从自己的侦查人员那里得知了当地的奇特风俗。他们说，他们在途中遇到了一群群回自己村落的当地人，他们的一只手里拿着干枯的树叶子，另一只手拿着带火星的木棍，然后按照自己的习惯，用木棍把这些树叶点燃，再吸那些点燃的树叶发出来的烟。

这便是西班牙人在这里除了初次见到的甘薯以外，新地区献出的另一种毫无裨益的赠品。当时的泰诺人把烟叶都卷成雪茄烟，并称它们为托巴古。侦查人员遇到的那群人正带着一大包的雪茄烟，在路上每歇息一站就要烧烟，然后每个人都要吸上三四口，再让烟从鼻孔里冒出来。大家就这样反复吸够了，精神振作起来，才会继续赶路。

欧洲人就是在这里首次接触到了烟草。不久以后，即16世纪初，西班牙船员们便向欧洲人介绍了这种不足取的乐趣，并令吸烟呈现燎原之势，迅速蔓延到欧洲、亚洲、非洲及全世界。

（五）

在这里侦查一番后，哥伦布开始计算自己走过的全部路程。他相信他已经向西航行了90°。他脑子里原来已把亚洲面积扩大了，根据这个概念，他认为自己已经直接到达了中国海岸。

于是，哥伦布断定：古巴就是中国的"曼吉省"。他根据当时的那幅半实半虚构的世界地图，把这个省看成为半岛，位于帝国的东南部。哥伦布利用自己那简陋的象限仪，根据北极星高度试图测定自己所在的位置。不幸的是，他错将仙王座中的阿尔法星当成了北极星（在11月的夜晚，阿尔法星正在北极星的上方），因此也得出了错误的结论：古巴在北纬42°附近，就是在美国科德角的纬度上。

哥伦布还开始搜集当地的植物，他想利用植物让西班牙人相信，他和他的船队至少已经走到了亚洲大陆的边缘。例如，当地有一种灌木，香味闻起来有点像肉桂，于是它就被认为是肉桂；还有秋葵，哥伦布认为这是他曾在开俄斯岛上见过的亚洲式的树胶；还有一种不能吃的小坚果，哥伦布把它与马可·波罗谈到的椰子混为一谈。

那么黄金到底在什么地方呢？印第安人告诉这些西班牙人，远处有一个巴贝克岛，那里的人们都利用蜡烛光在海岸边收集碎金，然后再把碎金做成金块。

这个谣言在西班牙远征队的高级指挥人员中间第一次引起了分裂。马丁·阿隆索·宾松不等统帅哥伦布批准，便急忙开动他的"平塔"号出发了，力图找到巴贝克岛。他按照印第安人指示的方向，把船开到大伊纳瓜岛。结果，他既没有在那里借着烛光找到黄金，也没有借其他光源找到黄金。

随后，哥伦布又率领"圣·玛利亚"号和"尼娜"号一起沿着风景秀丽的奥连特省海岸向东航行，并深入到塔纳摩湾。这个港湾出口狭窄，好像是一个玻璃瓶颈；港湾内小岛林立，岛上布满了森林。

接着，他们又进入了美丽的莫亚港。这个港湾宁静地躺在宏伟的高山和浪花飞溅的海礁之间。哥伦布观察经济事务的眼光是十分敏锐的，当船员们引他乘坐小船经过河口时，他看到山坡上松林茂盛，就说这些松木可以供西班牙海军作造船的材料。

如今，在某些以山洪水力作为动力的工厂里，人们正是把这些松树

的后代锯成各种各样的可用材料。而哥伦布早在1492年11月就已经听到远处滚滚的流水声了。

利用从西方及时吹来的微风，哥伦布的船队继续扬帆前进。在这期间，他又考察了约10个小港口。小港口的后面是树木茂密的河谷，下起海港，上面延伸到高山之中。

哥伦布还经过了铁砧一样的厄尔·扬克山，这座山是巴拉科阿港的路上标志。这里是个建立殖民地很便利的地方，1512年，这里就建立了第一个西班牙在古巴的殖民地。不过，哥伦布在这里也没有发现黄金。

12月5日，当太阳升起的时候，哥伦布的船队已经驶近了迈西角——古巴的最东端。哥伦布认为，他面前的这个地方就是亚洲大陆的一个极端，就好像欧洲的圣·维森提角一样。于是，他把这个地方命名为阿尔法和奥米加角。据他看来，东方的航程就此结束，西方的航程正式开始了。

第八章　建造殖民地堡垒

创造难，模仿容易。

——哥伦布

（一）

12月5日晚上，哥伦布的船队通过向风海峡，到达了海地的圣·尼古拉港。哥伦布之所以为这个港口取这样一个名字，是因为那天正是儿童敬爱的一个圣徒、儿童的保护神圣·尼古拉的节日。他的本地向导告诉他：这个大岛是他们祖先的出生地，岛上可以找到黄金。这一次，他们真没说错。可以说，正是这个伊斯帕尼奥拉岛挽救了哥伦布的声誉。

当晚，"尼娜"号驶入圣·尼古拉港。随后，另外两条船也顺着轻微的风驶入毛斯蒂克湾。由于东风和雨的阻滞，船在这里停留了5个昼夜。哥伦布在这里"看到了这个海岛气势雄伟，风景秀丽，看到了它与西班牙土地有许多相似的地方"，因此为它取名为伊斯帕尼奥拉岛，即西班牙岛。

在这里，有3名西班牙船员抓到了1名年轻的印第安女子，并把她带到船上。哥伦布知道，要想找到黄金，就需要当地人的帮助。因此，

他让人给这个吓坏了的女子找来衣服穿上，还送给她一些铜铃和其他小饰物。

他还向这名女子表示了进一步的尊重：放走了她。事实证明，哥伦布这样做是正确的，对搞好与土人的关系大有帮助。这个女子是当地酋长的女儿。次日，那9名护送女子回去的西班牙人在一个有一两千居民的村镇里得到了赏赐：食品、饮料以及鹦鹉。

12月15日，船队进入托尔提海峡，到达特罗伊斯河口。这里有清澈的水流顺着河谷流淌下来，哥伦布恰当地为其取名为乐园河谷。

第二天，船队靠岸停泊，大约有500多名本地的居民在年轻酋长的带领下，走到停船的地点，正式拜访哥伦布。

以前，古巴的一个酋长也曾到过哥伦布的船上，但没有给哥伦布留下什么特别的印象。这次可完全不同，这次是酋长在客舱里单独宴请哥伦布，一举一动都保持着土王的尊严，态度端庄，泰然自若。

宴请结束后，哥伦布也按照海事礼仪送别了酋长，一面奏乐，一面鸣放21响礼炮。哥伦布开始思量：这里的居民也许可以肆意为西班牙国王使用，因为他们都"胆子很小"，一定会服从命令，帮助他们从事播种或做其他需要做的事。他认为，这对于西班牙国王是一种绝妙的机会，因为他的臣民显然不喜欢做粗活重活。

12月20日拂晓，两条船开到阿库尔海湾。这里风景十分秀丽，以至于哥伦布搜肠刮肚用尽所有的词汇还是无法形容它的美丽。

阿库尔的确是世界上最秀美的海湾之一。这里高山断裂，在河谷上游河源的发源处，露出一个圆锥形的山峰。海地国王亨利·克里斯托弗曾在峰顶建筑了一座岩石堡垒。至今，这座堡垒都在巍峨地耸立着。

这里的土人也处于原始的天真淳朴状态，其淳朴程度甚至比其他任何地方的人都要厉害一些。这里的妇女完全裸体，男子看到自己的妻女这样出现在外人面前也觉得是很自然的事。这里似乎也有不少黄金，令西班牙人对其垂涎三尺，贪欲与日俱增。

12月22日，哥伦布获悉该海湾整个西北部统治者瓜卡纳加里的消息，但由于受到伊斯帕尼奥拉岛北部与海岸平行吹来的信风的阻拦，哥伦布派了罗德里格·德·艾斯科贝多和另外的6名水手从陆地走到酋长那里去拜访。

不久，派去的人就回来了。他们向哥伦布报告说，在那里，他们受到了酋长友好的接见和款待，主人们甚至坚持要把西班牙人背过沼泽地带。

同时，瓜卡纳加里派信使来到阿库尔，送给西班牙统帅哥伦布一根华丽的宽带子，带子上面镶有彩色的珠子和骨制品；还送了一个木质的假面具，面具上的眼睛、鼻子和舌头都是用金子做成的。他还邀请哥伦布去他那里访问，这进一步增强了哥伦布的判断和决定：在瓜卡纳加里的势力范围内一定存在金矿，而且瓜卡纳加里居住的岛名叫西瓦奥，这与日本是多么相像啊！

因此，哥伦布决定离开阿库尔海湾，率领"圣·玛利亚"号和"尼娜"号前往瓜卡纳加里的宫廷去度过一个愉快的圣诞节，并且设想在那里可以发现这位统治者就是日本国王！

于是，哥伦布于12月24日绕过圣角（皮克勒角）航行，驶入了卡拉科尔湾。

（二）

卡拉科尔湾是瓜卡纳加里的京都所在地。从阿库尔到卡拉克尔湾相隔只有几千米远，由于顶头风刮得厉害，哥伦布的两条船走了一整天也没有到达目的地。

夜里11点多，值班人在交班时，海面上风平浪静。"圣·玛利亚"号和"尼娜"号当时位于里默纳德海峡内、海地角偏东的地方，接近水底堤礁。在前一天的晚上，由于招待印第安人，船上的宴会搞了一个通宵，船员们都感到很疲劳。此时风已经完全停了，海面很平静，只有海浪还在蠕动着，所以船员们也都放心地去睡觉了，就连统帅哥伦布本人也去睡觉了，只有一位划桨的年轻水手值班。

时间正值午夜，再过几个小时，圣诞节日就开始破晓。然而就在这时，灾难发生了——"圣·玛利亚"号触到了珊瑚礁，船身突然开始颠簸起来，发出龙骨碰到礁石时刺耳的吱吱声。

哥伦布立即窜上甲板，对着睡眼惺忪的胡安·德·拉科萨发出大声的呼叫，并指示他：率领船员把船尾的锚连同救生小艇放入水中，以便大家能够离开浅滩。

当时的情况还是可以控制的，但"圣·玛利亚"号的船主却不听哥伦布的命令，反而和几个船员一起惊慌失措地向两海里远的"尼娜"号逃去。"尼娜"号船长维森特·宾松怒斥他们胆小怕事，不许他们上船，并马上另派出一条小船前去支援"圣·玛利亚"号。

但是，"圣·玛利亚"号还是失去了宝贵的救助时间，没有船能够帮上忙了。就在这时，一个巨浪袭来，又将船冲上了礁石的脊背，船舱的舱板上出现了第一批断裂。

哥伦布马上命令船员把船上的一切必要之物都掷上甲板，并砍去了主桅杆。但是，当德·拉克萨因为没有登上"尼娜"号再次返回来时，一切都已经晚了："圣·玛利亚"号航行就此告终。

不论是由于德·拉科萨的胆小怕死，或是因为他不遵守航海纪律，一个小时一错过，"圣·玛利亚"号的命运便注定了。海底的浪涛来来回回推来推去，将船慢慢推向暗礁，珊瑚将船底穿洞了，海水涌入船舱之中。哥伦布无奈，只能命令大家离开船。他指望天亮后，海潮哪怕是只把水位抬高一点，也可以帮他一个大忙，让他的指挥船脱险。

在搁浅的船上，人们焦急地等待着天明。接着，哥伦布派人划船到瓜卡纳加里求助。天亮后，瓜卡纳加里酋长率领土民们乘着他们所有可动用的独木舟赶到"圣·玛利亚"号搁浅的地方来帮忙打捞东西。

直到12月26日，船上全部运载的货物和可以使用的设备都被打捞出来，这让哥伦布感到十分轻松和激动，甚至是吃惊。他在日记中写道：

> 我可以向陛下庄严而神圣地保证，我们的全部财产，连一根针都没有丢失，这在整个卡斯蒂利亚都不可能保存得比这里更完好。因为他（瓜卡纳加里）让我们把所有的东西都放在他住所的附近……有武装的水手日夜守护着。
>
> 当时，他和他的人都流泪了，仿佛是他们自己受到了损失一样。这些诚实的人是那样的可亲可爱，这样忘我和守信义。因此，陛下可以相信我的这句话：这里是世界上最美好的地方，有世界上最善良的人。

哥伦布深信，这是神的意旨在主宰着他的命运，他试图弄清楚：这次奇怪的显然是灾难的意外事件究竟意味着什么？

很快，他就弄清楚了：上帝指示他要在这个地方留下"圣·玛利亚"号的全体船员，建立一个移民区。瓜卡纳加里也怂恿哥伦布这样做——这位酋长希望能掌握一些枪炮，用来对付岛上各处的敌人。

船员们都争先恐后地报名登记为移民，因为他们已经在这里看到了不少黄金，相信在这里可以发财致富。于是，哥伦布便下令在浅浅的、长满了红树林的大河河口以东1海里的一个合适的沙滩上建造了一座有瞭望塔和壕沟的城堡，并把城堡命名为纳维达德，意即圣诞城，用以纪念指挥船遇难的这个日子。他坚信：自己可以因祸得福了。

（三）

这是从诺尔曼时代以来，欧洲人第一次在新大陆定居的尝试。纳维达德迅速建造起来，在它的附近还有一个方便的停泊处。

堡垒中的移民大约有39人，大部分都是指挥船上的船员，小部分是"尼娜"号上来的。为首的是迭戈·德·哈兰纳，哥伦布的一位来自卡尔多瓦的朋友。城堡里留有一艘船、武器、火药、大炮、种子、交换物以及各种工具等。这批移民接受的任务是考察本地区的情况，找到一个可以建立永久殖民区的地址。另外，他们还要收购黄金，但哥伦布要求他们对待土人要和善友好。

现在，哥伦布肯定地认为，他已经找到了印度。虽然伊斯帕尼奥拉岛可能不是日本，但它是靠近中国海岸的一个物产丰富的大岛。这里的居民已经准备有素，可以转信基督教并可供利用。哥伦布觉得自己手中已经拥有了足够的黄金制品，可以迫使一些顽固的怀疑分子相信：他终于发现了一个富饶的多宝之地。

开始时，哥伦布是打算在1493年4月再起程回国的，但现在他担心马丁·阿隆索·宾松会先于他回到西班牙，并"对国王和女王编造谎言，以逃脱罪责"；何况哥伦布认为，只乘坐1艘航船继续进行探险旅行也是很冒险的行为。他在日记中写道：

"'平塔'号开小差是一切灾祸的根源！"

因此，哥伦布决定提前返航。

1493年1月2日，瓜卡纳加里与哥伦布的船员们举行了隆重的告别宴会，并热情地款待了哥伦布及全体船员，最后一次表示互敬、互爱并热烈地相互拥抱后，新结盟的盟友们便分手了。

令哥伦布没想到的是，留在纳维达德的39名西班牙人同瓜卡纳加里酋长及其臣民之间的友谊只维持了很短的一段时间，随之而来的便是对黄金的争夺、对土著女人的凌辱、打架斗殴、"印度"流行病以及同一些印第安部落之间的战争，以致这些人的性命都被断送掉了。哥伦布苦心孤诣建立起来的纳维达德几乎被夷为平地。

但现在，海洋统帅哥伦布登上了"尼娜"号。他决定，如果能找到"平塔"号，就与其一起返回西班牙；如果找不到，就乘坐"尼娜"号单独回去。

1月4日清晨，哥伦布乘坐"尼娜"号起航，横渡大洋的返航旅程正式开始了。

两天后，当蒙特克里斯蒂半岛附近出现了"平塔"号时，哥伦布以为宾松已经到达西班牙的担忧消除了。这天，哥伦布在日记中记录了宾松与他见面时的情景：

……接着，马丁·阿隆索·宾松登上"尼娜"号，我正在等着他哩。他一面向我道歉，一面强词夺理地申明，他当时离开我出走是违心的。不过，我完全清楚，他的话都是假的。因为在他离我而去的那天夜里，他的行为完全是出自他的高傲和贪婪。我无论如何也无法解释我的这位部下在航行过程中对我犯下的这种自负而卑鄙的错误行为。

但是，为了让这个总是想把事情搞糟的恶魔的阴谋诡计不能得

逞，我这次仍然打算对这一败兴之举不予理会。我以前有一次就是这样做的。

宾松如实地向哥伦布汇报了他这三周的行踪和作为。他先到了大伊纳瓜岛，结果发现用蜡烛照明采集黄金的说法根本就是虚构。随后，他又沿着伊斯帕尼奥拉岛航行，到达布兰科港停泊。在那里，有一批船员深入到西瓦奥，并在那里找到了许多黄金。

关于"圣·玛利亚"号遇难的消息，宾松是从印第安人口中听说的。在听到这个不幸的消息后，他立即决定返航，援助统帅。

考虑到冒险旅途中需要伙伴，同时也获得了令人鼓舞的黄金的消息，哥伦布便决定暂时忘记这些不愉快的事。在那个时代，在海上行船必须有伴，除非万不得已，否则是没有哪条船敢于单独远航的。

两条船会合后，便一起停在克里斯提半岛后面等待顺风。在这期间，哥伦布考察亚克·德尔·诺尔蒂河下游，发现那有如豌豆大小的金砂。甚至直到今天，这个河谷中的藏金依然很丰富。

第九章　归途中遭遇大风暴

　　我的船员们不能由于我的死而一败涂地，因为我为他们未来的巨大成功奠定了基础。

——哥伦布

（一）

　　1493年1月8日午夜，"尼娜"号和"平塔"号重新起程，向西班牙返航。在经过伊斯帕尼奥拉岛的岸边时，他们游览了普拉塔港。哥伦布在港口上看到了笼罩在四周群山之上的银白色白云，便给这个港湾取了这样一个名字。

　　在这个港湾里，哥伦布等人首次遇到了佩戴弓箭的土人。所以，这个海角现在仍然被称为弓箭角。这些土人对西班牙人并不友好。他们是齐瓜约斯人，属于泰诺族的一个支系。由于常常要提防加勒比人从波多黎各入侵，他们都普遍使用弓箭武装自己。

　　西班牙人抓到了一个齐瓜约斯人，但对他很友好，还赠给他红布和铜铃，并放他上岸。这令其余的齐瓜约斯人对西班牙人很放心，于是活跃的物物交易开始了。有一两个齐瓜约斯人甚至还接受劝告，想联络其他的土人一起到西班牙去。

1月16日，西风出现了，"尼娜"号和"平塔"号开航，离开了萨马纳湾。这时，一个艰难的返航任务摆在面前。对于哥伦布来说，这次返航对于他的勇敢精神，对于他的航海技术，对于他的指挥能力，都是一次严峻的考验。这次考验也比他以前任何一次航行中所受到的考验都要严重得多。

哥伦布知道，他的发现是最伟大的发现，同时又明白，在他把这个令人高兴的消息带回西班牙以前，这个发现并不会产生任何实际的利益。在这个关键的时刻，他一定要做出巨大的努力去战胜各种胡思乱想和克服人性的一切弱点。后来的事实表明，他的确差一点没能完成这个任务。

在下令起锚时，哥伦布打算先向加勒比岛和神秘的马提尼诺驶去。关于马提尼诺，有印第安人说，那个岛上住着一个善战的女性部落。她们只准男人一年上岛一次，而这样做也只是为了繁殖后代。但是，幼小的男孩又必须随父亲一起离开。

哥伦布很想找到这个岛，虽然只是出于好奇心，但主要是想多获得一个证据，证明他到过东方。因为马可·波罗曾说过，东方有个"女儿国"，他把这个搁在了印度洋。在贝海姆1492年所制的地球仪上面，就是这样画的。

可惜的是，由于风向转变（刮西风），哥伦布预计访问"女儿国"的计划未曾实现。在这个季节，刮西风是不太寻常的现象，哥伦布决定不错过这个有利的时机，让船顺风扬帆，直向西班牙的方向驶去。

西风很快就平息了，东信风又开始刮了起来，"尼娜"号和"平塔"号以右舷受风，缓慢地迎风前进。

这次返航，哥伦布选定的航线是融合了大量的航海技术和导航知识与技能的。在此后的几天中，他有意识地避开了信风区——在来的路上，他曾非常善于使用信风区——并且借助于长期以来获得的知识，把西风考虑为他返航的基础，从而发现了在当时西印度与西班牙之间最有利的航线。

此后，他的后继者们长期行驶在这条航路上，一直到1519年，安东尼奥·德阿拉米诺斯才发现了巴哈马水道那条返回西班牙的最短航线，并且从那时开始，所有从西印度回国的航线就都走那条航线了。

哥伦布选择这条航行并非出于偶然。根据他在当地遇到的风向情况，回去仍然走原路是不利的。因此，他先走东北90°弧以内的航线。2月3日，他在《航海日记》中写道，他觉得北极星显得那么高，好像是在圣维森特角的上空。根据这一点，他们到了相当于帕洛斯的纬度。

尽管在第二天的记载中哥伦布提到对自己所处的准确位置没有把握，但只要风顺，他就向东航行。

（二）

2月3日的夜间，天空布满了阴云，接着就是一阵暴雨，随即而来的西北风推着船前进。在此后的几天中，船的航速一昼夜可达150海里，有一次甚至达到了200海里。在这种情况下，哥伦布需要弄清楚他们的具体地点了。

维森特·亚涅斯·宾松根据自己的计算，认为他们2月6日就能驶过弗洛雷斯的经线，并处在与马代拉的同一纬度上；而胡安·尼诺却误认为自己次日也到达了同一纬度，只是位于圣米格尔的同一经度上。

到2月7日的晚上，强烈的西风平息。两天之内，两条船只遇到了轻微的不定风，平稳地缓缓前进着。9日，他们又获得机会再一次迎风扬帆向东航行。次日，为了便于交谈，两艘船彼此靠近航行，船长和船员们相互通报了自己的所在位置。大家都在想，他们的航行应该比实际所在位置偏南得多了。但除了哥伦布之外，其余的人都认为他们已经走到了东亚速尔群岛的子午线上。

相反，哥伦布却认为，他们大约位于亚速尔群岛以西340海里的地方，并且决定只要有可能，就朝着亚速尔群岛中间的一个岛航行。

但是，哥伦布险些就无法实现自己的计划，因为从2月12日起，"尼娜"号和"平塔"号就遇到了冬季里极坏的天气，并被卷入这次航行以来第一次遭遇的风暴之中。

当时，漆黑的天空低低地笼罩着狂啸的大海，海面一片灰白，船只无依无靠地颠簸着前行，船帆已经被大风扯破了，发出尖厉的吱吱声。次日，西面的大风浪与西南方向刮来的飓风汇集起来，形成了惊涛骇浪，浪峰冲击着船上的防卫设备。在这种情况下，除了在降得低低的横桁上的主帆之外，别的船帆都收了下来。船只也放弃了航线，顶着狂风恶浪艰难而缓慢地行驶着。

"尼娜"号上的备用品已经用完，稳船物不足，因此摇晃得格外厉害。哥伦布与宾松船长轮流值班，注视着迎头击来的每一个巨浪，随时提醒舵手。只要有一点小疏忽，船只就可能倾斜、翻倒，甚至沉没。

在这一天的夜晚，两艘船被狂风分开了，彼此不能相顾。这种状态甚至一直延续到西班牙，它们差一点就永远告别。哥伦布在自己的《航海日记》中，坦率地写出了自己当时所能做的、现在看来是十分荒唐的事以及那种无法表达的恐惧：

　　……这时，我宣布大家都来抽签，由抽签来决定船员中谁能到圣玛利亚·德古达卢佩（在埃斯特雷马杜拉山中）去朝拜，他要向

创造奇迹的圣母献上5磅重的蜡烛。

为此，我按船员人数收集了同等数量的豌豆，在其中的一颗豌豆上刻了一个十字，然后把这些豌豆放入一顶帽子中，并且使劲地摇晃这些豆子。

我第一个伸手进去拿，并且一下子就拿到了那颗带十字的豌豆。于是，我中签了……

这是一个荒诞而可怕的场景：船员们都吃力地跪在摇摇晃晃的甲板上，布满盐粒的眉毛下面充满期望的眼睛死死地盯着那装了毫无意义的豌豆的帽子。紧接着，紧张和恐惧变成一片咒骂声，咒骂这个把他们带到这里的人。

他们对于自身的困境，不但抱怨是命运把他们带到了这里，而且狠狠地责怪我对他们关于折回去的决定（在航行过程中）没有作出让步。

同时，哥伦布也想到了自己的死。他甚至这样悲叹自己的命运：

万能的上帝赐予我恩惠，使我坚定自己的事业，并帮助我得胜。每想到此，我的内心都充满了痛苦……现在，那些反对我的人，他们肯定无话可说了。我以自己的行动为陛下增添了荣誉与权威，但是，这一切都将因为我的死而破灭。只有一点可以令我稍稍心安，那就是我的船员们不能由于我的死而一败涂地，因为我为他们未来的巨大成功奠定了基础。

风暴依然没有停息的迹象，海浪也越来越汹涌，统帅哥伦布认为自己已经死到临头了，上帝由于他的过错正在召唤他去，"或者打算不让我在人间享有荣誉"。

他把所有的航线、发现和与此有关的内容都记录在羊皮纸上，把写好的东西用涂了蜡的平纹亚麻布包好，再装入一个小桶里，最后把小桶投入海中。桶中的字条上写道，如果发现这个小桶的人能秘而不宣地将消息送到西班牙去，就可以获得1000杜卡特（西班牙古金币）的重赏。

哥伦布还另外写了一份内容相同的材料，让人把它拴在船尾，以便"一旦船遇难沉没，这个小桶或许能碰巧漂浮在海面上"。

第十章　光荣凯旋

有了金子，要把灵魂送上天堂，也是可以做到了。

——哥伦布

（一）

到2月14日的夜间，大海渐渐趋于平静，"尼娜"号已经撑起前桅帆，但对"平塔"号的情况却不得而知。因为在13日夜间，两船之间交换过最后几次灯光信号，此后就没了音讯。

到了15日黎明时分，太阳刚刚从东方升起后不久，陆地便开始出现在正前方。哥伦布确定，那应该是亚速尔群岛中间的一个岛了。但究竟是哪个岛，他也说不上来。有人认为是马德拉岛，还有人认为是葡萄牙海岸。

此时，海面上又出现了东风。经过3个昼夜的逆风航行，"尼娜"号才得以航行到一个岛屿附近抛锚。

哥伦布乘着小舟上岸，认出这个岛就是圣玛利亚岛——亚速尔群岛最南面的一个岛。随后，"尼娜"号在靠近安霍斯村的地方停泊下来。村子里有一个小教堂。据说，圣母曾经在一些小天使的簇拥之下出现在本地的一个渔夫面前，而这座小教堂就是献给圣母的。

船员们纷纷走下船，到这个教堂还愿，以履行他们在海上时立下的誓言。

就在这里，哥伦布和他的船员们又遇到了一次小麻烦。事情关系到圣玛利亚岛的葡萄牙总督胡奥·达卡斯唐海拉。开始时，总督派人给哥伦布及船员们送来了各种食物，并带来口信让哥伦布派上岸3位代表在当地留宿，因为总督要听听他们讲一讲航海的经历。

哥伦布请求葡萄牙人派一名神父到教堂里为船员们完成自己在那一场暴风雨中立下的誓言，很快他就获得了准许。于是在2月19日这天，当船上的一半船员只穿了一件衬衣（据说是为了表示悔过）来到教堂祈祷时，达卡斯唐海拉却已经带了一队人在这里等着他们了，并且还把这些船员都抓了起来。

之所以这样做，是因为这位葡萄牙总督怀疑这些西班牙人是非法航行西非回来的。他甚至跑到"尼娜"号那里，想逮捕留在船上的哥伦布和另一半船员——而他们本来是打算迟一些也上岸去教堂祈祷的。

就在这时，哥伦布和船员们发现有许多骑兵朝他们奔来，其中就有胡奥·达卡斯唐海拉。足智多谋的哥伦布在他的《航海日记》中是这样记录这件事的：

> 我要求总督放心大胆地登上我的船，并和颜悦色地对他说，我对他提的要求（他曾要求看我们的赦免证）都会一一照办。同时，我打算扣押这位总督，迫使他释放我的同胞。我不以任何军事行动来违背自己向葡萄牙人许下的不伤害他的人员的诺言，但他首先食言了，不遵守他许诺的和平和人身安全……

但达卡斯唐海拉并没有上当。经过一番激烈的争论后，哥伦布出示

了自己的护照，并指出这件事可能产生的政治后果。不过总督对此毫无兴趣，他强调，自己必须执行葡萄牙国王的命令，并要求"尼娜"号停靠到港口。

争论中措辞激烈，唇枪舌剑，两方相持不下。哥伦布甚至威胁说，他要用武力攻占该岛，但最终他还是回到了先前停泊的地点。因为船上除了哥伦布和船长之外，仅仅有3名水手和几个印第安人。

第二天，由于天气不佳，哥伦布必须要离开这个小小的停泊点。"尼娜"号企图在圣米格尔近旁找到合适的停泊点，但却迷失了方向，一整天都毫无结果地转来转去，始终没有望见圣米格尔岛，最后只好再次返回圣玛利亚岛。

这时，形势已经变得对西班牙人有利了，从而让哥伦布和船员们都摆脱了难堪的窘境。因为他曾扬言要诉诸武力，一个公证人领导的代表团便让哥伦布出示自己的通行证明。几小时后，那些被扣留的船员们获得释放。同时，达卡斯唐海拉总督还送给他们一些新鲜的食物、水以及压舱石等，这些正是哥伦布他们最需要的。

（二）

2月24日，"尼娜"号离开了这个不友好的岛屿，重新朝着西班牙海岸航行。哥伦布打算首先航行到圣维森提角，到那里的距离是1288千米。在北风频吹的情况下，一周的时间应该够了。

可是，在这一带海洋里，冬天的气压通常都很低，而1493年的冬天又非常寒冷。所以当"尼娜"号离开圣玛利亚岛大约400多千米的地方时，新的飓风又袭来了。船员们再一次勇敢地同飓风搏斗，直至航行结束。

2月26日，灾难开始了，风开始转向从东南吹来，迫使"尼娜"号向东北方向航行而去。哥伦布在日记中写道：

"眼看我们就要到家门口了，可偏偏遇上这场鬼风，这可真叫人难受！"

次日，风暴更加猖狂，海浪也更加汹涌，船只三天三夜都在偏离航线航行。到3月2日的夜晚，气旋的暖锋面袭击了"尼娜"号，风从西南方向吹来，使"尼娜"号才再次走上自己的航向。

然而就在这一夜，由于赶上了冷锋面，凶猛的暴风骤然增大，把"尼娜"号的前后桅杆都撕破了，并在几分钟之内就将其全部变成碎片。哥伦布没办法，只好作无帆航行。咆哮的海洋毫不留情地把"尼娜"号抛上抛下，推前推后。到3月3日，风才重新改变方向，从西北方向吹来。

不过，这还不是灾难的结束。到这天的下午时分，天气更加阴沉，焦急的船员这时更加心焦如焚。哥伦布和领航员计算着航程，认为暴风会把他们笔直地吹到到处都是悬崖峭壁的葡萄牙海岸上去。只有出现奇迹，才能拯救这条船不会被岩石撞得粉碎。

到晚上7点钟左右，太阳西下，危机又开始了。天上电闪雷鸣，巨浪从两舷翻滚上船；风也刮得异常强烈，"仿佛要将船只抛到天上去"。幸好后来月亮出来了，通过云层里透出的月光，船员们能渐渐看清前面大约8千米处出现的陆地。

为了防止船只碰到岩石上，哥伦布不得不采取古代每个船员都熟悉的困难策略：将船头迎风转向。海岸线自北向南伸展，风从西北方面刮来，他命令升起船上唯一的小四角帆，先设法令船只在浪花四溅中转向，再让它顺着海岸向南开行，让风从右侧船舷劲吹船尾。"尼娜"号在经受飓风的连续打击后，竟然听从舵手的指挥，出色地完成了危险的转向，没有发生危险。从此，它也成为哥伦布最喜爱的船只。

3月4日拂晓，风渐渐停息了。哥伦布断言，他看到了特茹河口以北，从辛特拉山突出海面的罗卡角。随后，他乘着这条死里逃生的孤帆破船驶入特茹河，并迎着风浪找到了一个背风的停泊处。

随后，哥伦布毫不犹豫地派代表去见葡萄牙国王约翰二世，向他报告了自己到来的消息，并请求他准许"尼娜"号驶入里斯本，"以免作恶者看到船上的黄金和现状而认为这只三桅帆船到过无人烟的地带，从而动脑筋干出一些无耻的行径。我之所以这样做，也是考虑到要让葡萄牙国王知道，我是从印度回国去，并非来自葡属几内亚"。

在写以上这几行日记时，哥伦布一定感到了某种满足——当初，他曾遭到葡萄牙国王的冷遇和拒绝；如今，他从金光闪闪、芳香袭人的"印度"带着装载黄金的三桅帆船荣归了，这怎能不叫人羡慕呢？

起先葡萄牙人的态度并不太好。一艘大战舰在"尼娜"号旁边停泊，该船的第一副舰长是发现好望角的迪亚斯，舰长是皇家海军里一位有名的军官。不一会儿，迪亚斯就乘着小舟，带着武器来到"尼娜"号，命令哥伦布到战舰上报告自己的情况。

哥伦布保持着海洋统帅的尊严，拒绝到迪亚斯的战舰上去。这位热那亚人十分傲慢，并对迪亚斯表示：在他面前的是海洋统帅克里斯托弗·哥伦布先生。因此，不仅他本人，而且他的部下任何一个人都不会离开"尼娜"号。

不过，哥伦布出示了国书，这让迪亚斯和舰长都感到满意。于是，迪亚斯和舰长便命令部下"打起鼓，吹起号，奏起各种管乐"，亲自登上"尼娜"号，向哥伦布及船员们作礼节性的拜会，并提议为他们供应粮食和统帅所需的一切。

3月8日，国王约翰二世派特使前来，不仅同意哥伦布驶入里斯本，

还下令无偿地为"尼娜"号供应眼前所需的一切物资，同时还邀请哥伦布到宫廷中相见。

3月9日，这个当年的请求者再一次站在葡萄牙国王约翰二世的面前。国王热情地招呼他在对面的位子上就座，以此表示伊比利亚统治者保留至今的最高诚意。

哥伦布在这里停留了3天，与约翰二世进行了长时间的交谈。在此期间，国王一直兴致勃勃，而且非常热心。他善于掩饰自己的震惊，却又暗示哥伦布说，根据法律规定，哥伦布的这些发现应该归葡萄牙所有。

言外之意，约翰二世指的是《阿尔卡考巴斯合约》和15世纪中叶教皇颁布的敕谕。敕谕规定，博亚多尔角至印度的一切地区都归葡萄牙国王管辖。可能约翰二世认为自己已经即将占有哥伦布所发现的地区，并打算就这件事重重赏赐这个热那亚人了。

不过，哥伦布可没有这种打算，他深深地记得当初约翰二世是如何拒绝自己的。一位为哥伦布写传记的作家兰德斯聪曾引用过葡萄牙编年史家的说法叙述了当时的情形：

> 统帅夸夸其谈而且傲慢无礼，竟然指责葡萄牙国王约翰二世当年拒绝了他的建议实在是犯了一个大错。国王的大臣们见哥伦布如此狂妄，国王如此不悦，曾向国王进言杀死哥伦布，不让他把西航成功的信息带回到卡斯蒂利亚去，但国王没有同意。

（三）

1493年3月13日，哥伦布返回"尼娜"号。随即，"尼娜"号启程离开里斯本，顺着风势绕过圣维森特角，经过17年前他在一场海战中

泗水登陆的地点，并于15日中午以英雄般的姿态驶入帕洛斯港。

此时，帕洛斯港周围已经人山人海，鼓乐齐鸣，欢呼声、号角声、鼓掌声、呐喊声交织在一起，人们在此已经期盼已久。在欢迎哥伦布和他的船队的人群中，有国王的代表、公爵、镇长、拉比达修道院的修士、船长、水手、工人、农民、渔夫、商人等等。他们都纷纷向"尼娜"号、向海洋统帅哥伦布行礼致敬。

哥伦布昂然挺立在船头，身上穿着那件在"印度"登陆时穿的石榴红色大礼服，脚上蹬着一双装有金马刺的皮靴，腰间佩戴着宝剑，还插着匕首，精神抖擞。这是他一生中最为光荣和幸福的时刻。

在接下来的某一天，哥伦布写下了他的《航海日记》的最后几页：

我幸运地结束了自己的航行，它神奇而绝妙地证明了我的主张。此外，无数的奇迹也证明了这一点。出现的这些奇迹，是上帝在我整个航行中的旨意，也记载于我的日记当中。

上述事实证明，上帝的恩典澄清了一点：只有王室中陛下能赞同并坚持，我就能顶住许多重要人物的反对。他们都反对我，把我的计划看成是荒谬的、不能实现的举动。我向上帝祈求，但愿我完成的业绩能给基督教界带来无与伦比的最高荣誉。

大约与此同时，另一个人也结束了这次探险旅行，他就是马丁·阿隆索·宾松。在哥伦布回到西班牙之前，有人似乎发现"平塔"号远远地跟在"尼娜"号的后面，但由于距离太远，一时无法确定。

"平塔"号没有在亚速尔群岛停留，所以它避开了最后一段航程中猛烈袭击"尼娜"号的那场飓风。2月底，宾松驾驶的"平塔"号就已经到达了西班牙西北部加利西亚岸边的巴约纳港。

哥伦布早就怀疑马丁·阿隆索·宾松欲在他赶回之前回到西班牙邀功，而宾松也的确这样做了。宾松不知道"尼娜"号是否会在那场罕见的飓风中保全下来，因此回到西班牙后立刻上书给住在巴塞罗那的费迪南国王和伊莎贝拉女王，向国王和女王报告了自己回国的消息，并请求允许他个人到巴塞罗那去报告这次远航的经历。

然而，费迪南国王没有答应宾松的要求，他坚持要先见哥伦布，宾松只好灰溜溜地回到帕洛斯自己的庄园。

在这里，3月15日的中午，宾松看到了平安返航的"尼娜"号，他完全被这幅情景吓慌了。宾松的年纪比哥伦布要大，经过长期的艰苦旅行，又因为受到了国王的驳斥，弄得垂头丧气，他再也经不起这新的打击了。不久之后，这位天才的航海家、勇于冒险的船长便因忧愤成疾而与世长辞了。

（四）

哥伦布写好了一个正式的远航探险报告，然后派人将这个报告送往巴塞罗那，给西班牙国王过目。4月7日，哥伦布收到了国王费迪南和女王伊莎贝拉的回信。在这封回信中，国王热情地写道：

> 致唐·克里斯托弗·哥伦布先生，我们的海洋统帅，在印度所发现海岛的副王和总督……

这也就是说，费迪南国王已经兑现了当年答应哥伦布在他到达印度时所授予他的一切职衔，国王和女王还表示以"极大的愉快"肯定了他的成就。

费迪南国王邀请哥伦布尽快前往塞维利亚的冬宫见驾，希望他将已经开创的事业继续扩大下去，并要求他马上着手准备第二次远航。在给哥伦布的信中，国王除了对哥伦布表示祝贺外，还写道：

……我们的意愿是：在上帝的帮助下，由你将你所开创的事业继续下去，而且进一步扩大，我们将为你提供所需的一切，望你尽快返回你所发现的地方。

哥伦布在收到费迪南国王的这封信以后，马上又给国王写了一份报告，建议把伊斯帕尼奥拉岛作为殖民地，同时还提出了实现这一建议的详细计划，就新发现的殖民地的管理提出了自己的看法。

哥伦布认为：应派出2000名志愿人员前往伊斯帕尼奥拉岛定居，这些人应当分散居住在3~4个城镇当中，每个城镇设一位市长和若干职员；要建立教堂，任命教士，让印第安人皈依基督教；只有领有执照的人才能允许从事采金活动，采金活动的时期定在每年中的一段时间内，其余时间他们必须从事其他公务；采来的黄金必须上交市镇官员，其中一半应归王室所有。

这封信由专职信使送呈国王和女王，随后，哥伦布便准备进行长途的陆路旅行，前往巴塞罗那觐见国王和女王。

为了觐见国王和女王，哥伦布特意制作了一套符合自己现在身份的服装，并组成了随行的队伍。队伍中包括几名职员、几名仆人和从"印度"带回来的6名可以担任翻译的印第安人。

这些印第安人还是穿着在岛上时的那些装束，只是哥伦布没让他们像以前那样全身赤裸，而是让他们在腰间围了一块布。他们的头上和身上依然佩戴着羽毛、鱼骨和黄金装饰品等，手里还提着装鹦鹉的笼子。

　　一行人还带上了探险过程中采集回来的金样和一些在西班牙见所未见闻所未闻的稀奇东西，然后在科尔瓦多作了短暂的停留，哥伦布与他的两个儿子迭戈和弗兰多，还有贝特丽丝见了面，享受了几天天伦之乐。

　　再次出发后，经过瓦伦西亚和塔拉戈纳，大约到了4月20日，这支队伍才到达巴塞罗那。

　　此时，费迪南国王和伊莎贝拉女王已经下令将巴塞罗那装扮一新，就像过节一般。整个城市的人都纷纷涌上街头，去迎接哥伦布一行人。哥伦布骑着马行进在队伍的最前头，神气活现，他的头上戴着宽边的礼帽，披在身后的镶金斗篷随风飘扬；左手执缰绳策马向前，右手不停地高高举起，向欢呼的人群致意；靴子后面一双马刺闪着黄澄澄的光……

　　费迪南国王早已派出一批大臣和一支骑马的仪仗队从冬宫——阿尔卡萨宫出发，前来迎接哥伦布一行。这些王公贵族们在哥伦布队伍的两侧排列成行，恭恭敬敬地迎接哥伦布的到来。

（五）

　　哥伦布在阿尔卡萨宫前下了马，然后疾步进入大厅。这时，阿尔卡萨宫中已经点燃了上千支蜡烛，大理石的立柱立刻反映出灯火的辉煌。宫廷中的编年史家对此作了这样的记录：

　　　　哥伦布的脸庞因长期被太阳熏烤而显得黝黑，海上的航行同时也让他的眼睛显得锐利有神；银灰色的头发、长而弯曲的鼻子以及颇有贵族风度的举止，让他看起来俨然一副古罗马元老院的元老派头。

当哥伦布亦步亦趋地向国王鞠躬致敬时，费迪南国王和伊莎贝拉女王竟然一反常例地从座位上站起身来。当哥伦布跪下吻他们的手时，他们又破例地向他俯下身来。然后，国王和女王请他起立，并命人在年幼的王太子唐·胡安旁边摆放了一张椅子，请哥伦布坐下。这在当时可是十分特殊的破格的荣耀了！

应国王的邀请，哥伦布开始讲述他的航海经历。他向费迪南国王描述了茂密苍翠的热带雨林、令人陶醉的香料、色彩斑斓的鹦鹉以及它们奇妙的歌声；谈到了卡斯蒂利亚的平原和山冈以及那些美丽的岛屿；他还谈到了全身赤裸、淳朴善良的土人，描述了土人对他的巨大帮助。

说到这里时，哥伦布把他带来的6名印第安人叫过来，并让他们把带来的鹦鹉、丛林里活的大老鼠、不会叫的狗、各种奇形怪状的卤咸鱼带到国王面前。国王、女王和周围的大臣见状，立即发出一阵阵的惊叹声。

随后，哥伦布又叫人带进来珍贵的物品——沉香木、棉花和各种香料，并说天真的土著人十分乐意用他们的金首饰换取西班牙人的鹰爪铃和其他小玩意儿。

接着，他又叫人搬进来一个大的橡木箱子。哥伦布像变魔术一样，猛然把箱盖揭开，又引起在场人的一阵惊呼：在烛光的照射下，箱子里装满了各种各样的金冠、金项链、金手镯以及大小不等的碎金块。这些闪闪发亮的金子令在场包括国王和女王在内的所有人都对"印度"垂涎三尺！

当激动的喧嚷声逐渐平息后，宫廷里突然陷入一片寂静之中。这时，费迪南国王和伊莎贝拉女王一声不响地突然双膝跪地，其余的人

也马上跟着跪下。国王和女王仰面朝天，感谢上帝，感谢他的慷慨恩赐。大臣们齐声唱起了赞美诗：

> 主啊！我们赞美你。
> 啊，主啊，我信赖你，
> 请永远不要让我迷惑，
> ……

当唱到最后时，国王、女王和哥伦布都热泪盈眶。

在这个时刻，哥伦布可能想到了他因此所得到的一切：爵位、奖金、西班牙的城堡以及终身的养老金等。如果此时他把海外殖民的任务交给别人去做，自己就可以获得非常丰厚的实际利益，功成名就，光荣退休，那对他个人来说肯定是幸福的。

然而，哥伦布不是这种人。如果他是这种人，就不可能发现美洲。他认为，他必须使他发现的海岛上有移民定居，必须使黄金收购工作基础稳固，必须使当地居民都信仰基督教；他认为，他还必须与大汗或其他的东方统治者建立外交关系。他认为，海洋统帅和副王两个职衔所带来的权利应保证他的收入大于西班牙任何一个大庄园的收入。

此外，他身体健康，精力充沛，正值壮年，因此他认为，他所做的一切都是上帝的旨意，而眼下他才刚刚迈出第一步。

哥伦布在巴塞罗那住了几个星期，但他不光是在那里接受王室的阳光取暖，也不光是接受贵族高僧的招待，他开始考虑自己的利益了。按照颁赐的特权证书，他有权获得盾形纹章。而且，特权证书还赐予他竖立旗帜的权力，旗子分为四等分，分别绘上两座卡斯蒂尔城堡和两只莱昂狮子，另外还绘上几个海岛和5个锚（统帅权的象征）。

与此同时，他还在王宫里要求国王将去年4月在格拉纳达预定给他的权利都重新加以确认，即他和他的继承人"现在和将来"永远享有海洋统帅及他"所找到和发现的一切岛屿和陆地"的副王和总督的称号。

作为副王，他有权任免"印度"的一切官吏；对这些人，他拥有无限的民事和刑事审判权；作为海洋统帅，他对所有在从亚速尔群岛到佛得角这一线向西及向南整个海洋上的人都享有司法权。统帅的司法权也就意味着：他或者他的代理人能够解决美洲水域内所有渔民之间、商船海员之间的一切争端，能够对一切哗变案件、海盗案件、故意伤害案件以及其他诸如此类的案件进行审判。

如果哥伦布能够将这些权利全部拿到手里的话，那么哥伦布一家到底会获得多少财富，在那时谁也没有一点概念。两位国王和哥伦布本人也只是预料在靠近中国海岸的一些岛屿上建立商站，但即便如此，经过20年的积累，哥伦布也可以变为欧洲首富之一。

不过，以后的事实证明，国王和女王并没有遵守他们的诺言。恰恰相反，在哥伦布发财致富之前，他们就开始接二连三地将给予他的这些权力剥夺得一干二净了。

第十一章　再次出航

万能的上帝赐予我恩惠，使我坚定自己的事业，并帮助我得胜。

——哥伦布

（一）

1492年4月29日，哥伦布的远航探险报告（通常被称为《哥伦布书简》）的拉丁文译本在罗马印行，此后在欧洲各地多次重新印行，引发了极大的轰动。

当时，拉丁文在欧洲几乎是通用的语言。之所以用拉丁文出版，主要是想让罗马教皇尽早确认新发现土地的主权归属。罗马教皇亚历山大六世是西班牙人，出生于西班牙的博尔吉阿家族，原来曾是阿拉贡的主教，后来靠西班牙国王费迪南和女王伊莎贝拉的支持才登上教皇的宝座。因此，教皇亚历山大六世自然是偏向于西班牙的。

1493年5月4日，教皇颁布了训谕。其中规定：在亚速尔群岛以西318海里处按经度划一分界线，分界线以西所发现的土地归西班牙所有，以东则归葡萄牙。

毫无疑问，这条分界线是由哥伦布悄悄提出来的，因为哥伦布相信指南针的磁差是从东向西变化，而欧洲的暴风让位给平静的信风也是在这条线上。按照拉斯·卡萨斯主教的说法，这条线也是昆虫界的分界线。他指出，船员和旅客从西班牙启程，在到达亚速尔群岛以西318海里以前，总会遇到虱子和跳蚤。只有再向前行进，这类昆虫才会消失。但当旅客们乘船返航，在到达同一经度时，这些令人讨厌的昆虫又从它们隐蔽的地方爬出来，而且"数量多得可怕"。

但是，教皇所规定的这条分界线因葡萄牙的强烈反对而没能生效。后来，葡萄牙国王约翰二世为此还采取敌对行动，隔断了前往"印度"的一切航路。在这种情况下，费迪南国王和伊莎贝拉女王才不得不按照1494年的托德西拉斯条约，同意将分界线移到佛德角以西370里格（1890千米）处的子午线上。根据这个新的分界线，葡萄牙获得了占有巴西的权利，并且开始觊觎纽芬兰岛。

哥伦布在巴塞罗那居住的3个月内，关于他发现新大陆的消息已经普遍传开了，这主要是因为侨居西班牙的意大利人用书信宣传。在1500年以前，哥伦布的航海探险报告又出了7个版本，分别在罗马、巴黎、巴塞尔和安特卫普印行。

不过，在阿尔卑斯山的北面，哥伦布凯旋的消息却传播得很慢。北欧地学研究中心纽伦堡的科学家直到1493年7月还不知道哥伦布出航这件事，甚至连他住在巴黎枫丹白露宫的弟弟巴托洛梅都没有听说。因此，他错过了时机，未能赶上哥伦布的第二次西航探险。

哥伦布胜利归来后，旧大陆的居民开始沉醉于对黄金的热潮中，这种黄金热也驱使他们更加向往新大陆。于是，费迪南国王和伊莎贝拉女王开始敦促哥伦布尽快开始他的第二次西航。他们想通过殖民的手段巩固对伊斯帕尼奥拉的主权，同时进一步拓宽统治的区域。

国王和女王显得很着急，因为据报称葡萄牙国王约翰二世也正在装备一支船队，准备西航。只是由于西葡两国划分势力范围的问题正在巴塞罗那通过外交途径进行谈判，约翰二世才将他的队伍的出发日期推迟了两个月。

为了加快事情的进行，费迪南国王和伊莎贝拉女王指定塞维利亚的副主教唐·胡安·德·方塞卡与哥伦布共同进行第二次西航的准备工作。在国王和女王的大力支持下，此次西航的准备工作进行得非常顺利。

（二）

第二次西航的准备工作是在加的斯港进行的。加的斯城建立在从大陆伸入大海的一个小型半岛的尖端上。它三面临海，浮在阳光照耀的海洋上。

加的斯城城墙附近是陆地绕成的加的斯湾，海湾里有一个敞开的停泊场，但只有顺风时，船只才便于进场内停泊。内港建在防波堤后，它是哥伦布去世后多年才建立起来的。

如果说1497年的出航根据自己的意愿跟随统帅航行的是一些富有冒险精神的年轻人，而其余人则是经过再三劝说才参加的，那么第二次西航的志愿参加者则多得应付不了。哥伦布的声誉和随着他的大发现而带来的黄金热都达到了极盛时期，成千上万的年轻人和壮年人都渴望此次能够跟随他一起去发财致富。

这次航行共动用了17艘船只，指挥船仍然叫做"圣·玛利亚"号，其别名为"玛利亚·加兰特"，是一艘200吨的大船。此外，还有两艘其他的船只，一艘被称为"科里纳"号，另一艘被称为"加莱加"号。其余的船只中还有忠实的"尼娜"号和两艘三角帆船——"圣胡安"号和"卡尔德拉"号，它们全部都是小吨位快帆船。

　　船队中的重要人物是安东尼奥·德·托雷斯，此人深得国王信任，因此不少皇家仆从都纷纷跟随他参加此次远征。在这些人当中，应该提到的是阿隆索·德·奥赫达和莫塞·佩德罗·马尔加里特。

　　奥赫达是梅迪纳塞利公爵的仆从，非常勇敢。无论是在卡斯蒂利亚，还是在后来新大陆发生的许多次战斗中，他都是最勇敢的人之一。至于莫塞·佩德罗·马尔加里特，哥伦布曾多次把最危险、最艰难的任务交给他去完成，并请求国王给予他奖赏。

　　船上还有一位来自塞维利亚的医生，名叫海特尔。他不仅是远征队面临严重疾病时的医生，还是一名出色的考察动植物的自然科学家。另外还有参加第一次西航的擅长绘制海图的胡安·德·拉·科萨，还有佩德罗·德·拉斯·卡萨斯和他的儿子拉斯·卡萨斯，他后来写了《西印度群岛史》和有关哥伦布的生平和传记。

　　此外，还有巴耶札的市长阿隆索·桑切斯·德·卡拉瓦雅、胡安·朋思·德·莱昂、弗朗西斯科·德·彭尼亚洛萨等人。但宾松家的人都没有参加此次航行，尼尼约家有4人参加，其余的多数船员同第一次一样，主要来自韦尔发及其附近地区。

　　除了船员之外，还有一大批平民百姓，包括殖民地开拓者、淘金者、种地人、工匠、学问家等。据估计，参加第二次西航的人数在1200~1300名之间，他们还带了马匹、奶牛、鸡、羊、种子、植物等，并装上了足够往返6个月吃的粮食以及大批供移民使用的农具。这支探险队的规模和气势似乎可以配得上哥伦布"海洋统帅"的头衔了。

（三）

　　经过整整5个月的准备，1493年9月25日，伟大的时刻再次到来了：

在飘动的三角旗下，在一片欢呼声中，哥伦布率领着船队离开加的斯港。温暖的阳关照耀在身后城市的屋顶花园上，照耀在谷穗般金黄的沙滩上，照耀在盐场熠熠发光的盐堆上。

船队每条船的艉楼旗杆上都悬挂着一幅卡斯蒂尔王室旗帜，其余的船桅杆上也挂着鲜艳的彩旗。在船艏楼和艉楼之间还扯起了横幅，横幅上面画着志愿远航贵族的武器图样作为装饰。

此时此刻，哥伦布，这个伟大创举的发起人的心情会是怎样的呢？也许他比凯旋以后更感到自豪和激动。

哥伦布率领的船队出发时，天气晴好，微风轻拂，船队直驶加纳利群岛。10月2日，远征队到达大加纳利岛。10月5日，仅仅10天的时间，他们就在戈梅拉岛的圣·塞巴斯蒂安港停靠了。在这里，船队补充给养，又带了一批猪、牛、羊和家禽等上船，准备到新的地方繁殖饲养。

到了10月13日，趁着东南风，船队开始朝着西偏南的航向行驶。哥伦布很清楚，这条路线很快就能将他的船队带到伊斯帕尼奥拉岛的南面，但在航行的途中，他又想考察和探索在第一次航行时土人告诉他的加勒比的一些其他岛屿。

为防止其他船只失散，哥伦布把怎样到达伊斯帕尼奥拉岛和纳维达德的指令密封好后分发给各位船长。事实上，此次出航没有一条船失散，除了途中遭遇一次暴风雨外，整个航行都十分顺利。

这次仅有的暴风雨发生在10月26日，但暴风雨也只刮破了几张风帆，令桅杆顶和横桁上出现了电辉火球，水手们都称这是点燃了的神火。

其余的航程都刮顺风，从费罗岛到多米尼加的距离是2600海里，远征船队只用了21个昼夜就走完了，平均每小时可达5海里。

11月2日，哥伦布认为，积云堆起和风向转变都意味着他们可能已经接近陆地了，于是破例地发放了一次淡水。次日清晨，船员们远远就望见了远处一个山丘上起伏的岛屿。

"陆地！陆地！"船员们的欢呼声从一条船传到另一条船。

为了感谢上帝的恩典，全体船员都集合在甲板上，他们一起虔诚地祈祷，唱颂歌，感谢上帝使他们能在出海航行20天后就顺利到达陆地。

太阳出来后，船队继续向西航行，这时他们又发现了一个地势平坦的圆形岛屿。为了纪念自己乘坐的指挥船，哥伦布为这个岛屿取名为圣·玛利亚·加朗特岛，并将附近的一群小岛命名为托多斯·洛斯·圣托斯群岛，用以纪念刚刚过去的万圣节。这两个岛屿的名称一直保留到现在，用法文表示就是加朗特岛和列斯圣特斯群岛。

哥伦布还不知道小安地列斯群岛向风面完全没有港口，他仔细地沿着陡峭的多米尼加东岸寻找停泊地点，但未能找到。然后，他又驶向在船的右舷出现的、林木茂密的海岛，最终在背风的一面找到了一个有遮挡的停泊点。

于是，哥伦布又带着旗帜、刀剑和众多的随从登岸，并在这里擎起大旗，宣布这个岛屿归西班牙所有，还叫船队秘书依照法律规定登记了一切。

西班牙人将这个仅停歇了两个小时的地方称为"玛利亚·加兰特"。海特尔医生曾报道说，他的同伴们在那里第一次认识了一种含有毒汁的树，加勒比人用它的汁液制成了能致人死命的毒箭。

"那里还有各种各样的鲜果，我们有几个人尝了一些。只要把这些野果在舌头上碰一下，脸就会肿起来，接着便是高烧和剧痛，中毒的人难受得几乎要发疯。"海特尔医生这样记录。

第十二章　建立伊莎贝拉城堡

他们都反对我，把我的计划看成是荒谬的、不能实现的举动。我向上帝祈求，但愿我完成的业绩能给基督教界带来无与伦比的最高荣誉。

——哥伦布

（一）

同样是在11月3日这天，船队又看到西面几里格处有一个地势较高的海岛。鉴于加朗特岛不曾为船队提供任何实际利益或价值，哥伦布下令船队起锚，开往这个新岛。

这是一座形状有点像人的肾脏的大岛。为了履行自己对瓜德罗普修道院僧人所许下的诺言，哥伦布将这个岛命名为圣·玛利亚·瓜德罗普岛。后来，法国人便将其简称为瓜德罗普岛。

当船队驶近瓜德罗普岛时，船员们看到了一种罕见的瀑布：瀑布的水线细若银丝，从陡峭的海岸跌落下来，仿佛是从缭绕在高山之上的云朵中钻出来一样，真可谓是"飞流直下三千尺"。

船队在这个高达1.2千米的火山南坡一个有掩蔽的海湾里停泊了。这个海湾现在被称为格兰德·安斯港。在这里，船队停泊了6个昼夜。

实际上，哥伦布本来是只打算在这里停留一夜的，可一位名叫迪戈·马尔格斯的船长却带着6名冒险者外出，在瓜德罗普岛迷路了。哥伦布对自己的同伴可能因被黄金欲望所驱使而单独外出的行为非常生气。在这个岛上，西班牙人第一次遇到了稠密茂盛的热带森林，十分陌生，因此迪戈等人迷路也不稀奇。哥伦布听说岛上住着可怕的吃人生番，认为让这些人留在岛上，将来只能捡到他们的骨头了，所以立刻派出4支寻人小队，每队有50名船员，大家一起外出寻找。

在迷途中，迪戈等人的确陷入了极大的困境。每到晚上，他们只能爬到树上去栖身，根据星星来确定方向，因为在碧绿葱茏的丛林中根本就看不到太阳的起落。

4天后，寻人小分队中的一支小队终于找到了处境十分可怜的迪戈等七人。不过，紧接着迪戈等7个人又再次陷入黑暗之中：哥伦布将迪戈用链子锁起来以示惩戒，其余几个人也被关了禁闭，而且都被减去了口粮。

自从上次在萨马纳湾的冲突后，哥伦布在小安地列斯群岛第二次遇到了加勒比人。此后，人们渐渐对他们产生了恐惧。直到17世纪，这些经常被后世史学家比作为诺曼人的加勒比人还英勇地抵抗欧洲殖民主义者的入侵。如今，濒临绝境的加勒比人后裔仍然居住在多米尼加的居留地。

在这次迷路和寻人事件期间，西班牙人了解到了许多有关加勒比人以及他们的风俗习惯等事项。也正是这个部落的名称，才产生了一个新词——吃人生番。在土人废弃的茅屋里，西班牙人发现了许多人体的部位和剩余的人肉。那里还有一些被俘来的女孩子，她们被留下来生孩子作小食用。

西班牙人从这些孩子中带回来两个男孩子和12个女孩子。这些女孩

属于泰诺族，她们都是在加勒比人袭击伊斯帕尼奥拉岛时被抓来的。

11月10日，船队离开了瓜德罗普岛，驶向伊斯帕尼奥拉岛。哥伦布下令将所有的独木舟都销毁掉，以防加勒比人袭击伊斯帕尼奥拉岛，抢劫奴隶。那些被搭救的孩子都被留在船上，此外还有几个被俘虏来的加勒比人。

离开瓜德罗普岛后，船队便趁顺风或侧面风沿小安地列斯群岛的背风岸前进。这里风景优美，加勒比海的海水在不同的深度变幻着绚丽多彩的颜色。途中，船队又遇到了许多岛屿，而哥伦布差不多把所碰到的每个岛屿都加上一个"圣·玛利亚"的名字，如：圣·玛利亚·德·蒙特塞拉特岛、圣·玛利亚·拉·列当达岛、圣·玛利亚·拉·安提瓜岛、圣·马丁岛、圣·克鲁斯岛等，以致后来造成了混淆。

在途经圣·克鲁斯岛时，船队未曾久留，而是继续朝北方航行，同时也发现了越来越多的岛屿。哥伦布按典故中的传闻，为它们取名为"1.1万个贞女群岛"，即维尔京群岛。此后，他们又陆续发现了圣·托马斯岛等。

（二）

11月14日中午，西班牙人与加勒比人之间发生了第一次武装冲突。当时，船队在圣克鲁斯岛外停靠，哥伦布派出一个由25人组成的队伍乘着小船上岸去取水。

当船一靠岸，当地的居民就四散逃跑了。然而当他们取完水，登上小船准备返回船队时，一条由土人驾驶的独木船突然从一个角落里冲出来。独木船上的加勒比人看到西班牙人的小船后，开始感到很惊

愕，随即就醒悟过来。虽然他们的船上只有四个男人和两个女人，但他们还是拿着弓箭开始向西班牙人射击。两名西班牙人受伤，其中一人受到致命伤，后来不幸死去。

西班牙小船奋力反击，冲向加勒比人，撞翻了他们的独木船。但落水的加勒比人却泅到岩石上，继续像猛兽一样拼命顽抗，直到被西班牙人捉住为止。

一个加勒比人受了重伤，肠子都流出来了，西班牙人把他丢到水里。可他居然一手握住肠子，拼命泅到岸边。西班牙人再次捉住他，并捆住他的手脚，又把他丢到水里。可是这个"桀骜不驯的野蛮人"竟然设法解开绳索，仍然再次泅水。西班牙人把箭一支接一支地射向他，直到他精疲力竭，战死为止。

一群加勒比人见此情景，愤怒至极。他们大声咒骂西班牙人，他们也渴望复仇，但由于缺乏武器，才没能达到目的。

这场武装冲突也迫使西班牙人开始尊重加勒比人，此后力求不触犯他们。即便是上岸的话，也一定先武装好，并且成群结队地上岸去。也因为接受了这次教训，西班牙人在此后的许多年都不敢在那里建立殖民地。

哥伦布担心加勒比人召集援军，再次袭击他们，因此不敢在圣·克鲁斯岛久留。5天以后，船队来到一个大岛，整天沿着岛的南岸航行。哥伦布把这座大岛取名为"圣·胡安·巴蒂斯塔"。在现在的地图上，这座岛的名称是波多黎各。

船队在这里停靠了两天，补充了淡水和食物。11月22日，船队通过了分隔波多黎各和伊斯帕尼奥拉的海峡。

顺着信风，船队迅速向纳维达德驶去。在伊萨贝拉角的西面，西班牙人遇到了一件可怕的事情。据海特尔医生记录，事情是这样的：

当我们在（亚克）河边考察时，有几个我们的人在靠近岸边的地方发现了两具尸体。其中的一具尸体脖子上套着一根绳子，另一具尸体的脚是被捆绑着的。这是我们登陆的当天发生的。

第二天，我们又发现了两具尸体，其中的一个人还长着一脸的大胡须。对此，我们中的许多人都勃然大怒，因为据我所知，印第安人是没有胡须的。

哥伦布也担心这是4个被杀害的西班牙人，显然他的担心不无道理。为了避免引起冲突，哥伦布让人小心翼翼地驶向卡拉克尔湾，并于11月27日傍晚到达了那里。

西班牙人不想再重蹈"圣·玛利亚"号的覆辙，便抛锚停泊，并试着用鸣炮和灯光信号向纳维达德堡发出到达的信号，但却没有得到回应，传来的只有浪涛冲击海岸发出的巨响和红树林中栖息的青蛙的叫声。

哥伦布知道情况不妙。果然，在午夜到来前的两小时，一些土著人驾着独木舟出来了，但他们却不愿靠近哥伦布的指挥船。

哥伦布举着灯自报姓名，这时才有一个土人首领上船，他是瓜卡纳加里酋长的堂弟。据他说，留守在纳维达德的西班牙人有几个由于生病而死去了，但其余的西班牙人现在都安然无恙。

来人还向哥伦布转交了瓜卡纳加里委托他们带来的两个装饰黄金的面具，并解释说，酋长不能亲自前来是因为与科阿博首领（盛产黄金的西瓦奥山统治者）在作战中受伤了。西班牙人再问他其他问题，他都是支支吾吾的。

这时，哥伦布预感，这里一定是发生了什么事。

（三）

黎明时分，哥伦布登上了岸，发现整个纳维达德堡垒已经完全被烧毁了，只有散落在地的衣服碎片、被砸碎的衣箱和烧焦了的欧洲人的日用品。只有这些残存物才表明：这里曾经居住过西班牙人。

哥伦布立即命船员将藏有抢来的黄金的井穴刨开，结果发现里面只有砂子，根本没有一块黄金！纳维达德堡垒的西班牙人的命运如何令人困惑不解。数日之后，海特尔医生才在自己的日记中写道：

> 我们在茅舍中发现了许多西班牙移民用过的东西，而这些东西是印第安人不可能在以物易物的交易中获得的。比如一件漂亮的、自从离开西班牙以来还未穿过的摩尔人穿的那种大衣以及其他的衣物，类似的东西还有哥伦布第一次航行时不得不留下的一个船锚……

> 接着，我们又返回建立城堡的地方。当我们回到该处时，来了许多印第安人，他们又再次鼓起勇气与我们交换金子。他们指给我们的船员看一个地方，那里有11具西班牙人的尸体，尸体旁已经长满了杂草。印第安人一致保证说，这些人是被科阿博和麦仁尼杀死的。

> 另外，他们还向我们诉说，有个西班牙人有3个妻子，另一个人甚至有4个妻子，于是我们从中得出的结论是：这次不幸事件的原因必定是争风吃醋。

其实，原因并非是由于争风吃醋。尽管没有人能够确有把握地说明当时的情况，但不难推测：留在纳维达德的西班牙人缺乏理性，行为放肆，在全岛寻找黄金和妇女，数量之多超过了瓜卡纳加里所愿或所

能提供的。这引起了印第安人的不满，于是纷纷起来反抗西班牙人。

在一场激烈的争吵中，一个西班牙人丧了命。接着，他们为了发财，又伙同新的随从人员去大肆抢劫科阿博的"金山"。但是，他们这次并没有找到黄金，反而是自寻死路：科阿博带领印第安人干掉了这伙西班牙人，并占领了纳维达德城堡，还在一夜之间将其烧毁，杀光了住在那里的散兵游勇。有8个受到袭击的西班牙人逃入海中，结果也被淹死了。

这件事结束了西班牙人同印第安人的友好关系，让哥伦布在西班牙人心目中的威信大受影响，因为哥伦布总是让西班牙人相信泰诺人是胆小怕事的，手里没有武器。随哥伦布远航的罗马首席教士布依尔建议处死瓜卡纳加里，以起到杀一儆百的作用，但哥伦布不同意这样做。后来，瓜卡纳加里果然成为西班牙的忠实同盟者。

但同时，哥伦布也因为拒绝布依尔的这种违反基督教博爱精神的无理要求，为自己树立了第一个有地位的敌人。

12月初，哥伦布决定建立一个新的移民点：在同名的海角的西南面，也就是今天的蒙特克里斯蒂半岛和普拉塔港中间的地方，建立了一个为颂扬伊莎贝拉女王而以她的名字命名的村落。但后来的事实证明，这一地点选择得并不恰当，因为饮用水需要远距离输送，深水位的船只也不能进入这个港湾。

但是，哥伦布没有时间再作更加深入的探寻，在到达这里一周后，已经有20多人病倒了。1493年12月11日至1494年3月12日，哥伦布本人也患上了疟疾。

开始阶段，印第安人对西班牙人还算友好，经常为西班牙人提供一些木薯和其他食物，但后来他们对这些飞扬跋扈的"客人"感到厌恶了，便不再来关照。这时，船队不仅缺乏食物，而且由于出发前奸商把酒装入了质地极差的酒桶里，大量的酒都渗流出去，连酒也很快就没有了。

船员们开始发牢骚了。他们中的大部分人都是从未从事过体力劳动、不习惯于清贫生活的有钱人家的子弟。由于哥伦布只将口粮发给那些干活的人，这些人感到不满，便图谋反叛。

开始时，哥伦布只会以不供给口粮的方法来对付他们的怠工行为，而他们的对抗却持续不断。但在这类不睦和寒热病面前，哥伦布并未屈服。在1494年1月的第二个星期里，他派出了以阿隆索·德·奥赫达为首的15名船员去勘察一个名叫西瓦奥的地方。根据印第安人提供的情况，那里盛产黄金。不久之后，德·奥赫达便带回了受到友好接待的信息和含金量很高的冲击砂。

（四）

伊莎贝拉城堡建立起来后，也成为西班牙的第一个海外殖民地。在哥伦布的带领之下，伊莎贝拉城堡完全仿照古典建筑形式兴建起来，因为只有建成一个小加的斯，哥伦布才会感到合适。

城堡中开辟了一个方形的广场，广场前面还建有教堂、总督官邸等。船员们一起动手砍伐树木，凿珊瑚石，挖掘渠道，从最近的河流引水；还用篱笆围成了大约200间茅屋作为临时的住所。

在奥赫达返回来后，哥伦布开始担心，如果他的船只带回西班牙的只有奥赫达找到的那点金子，国王显然是远远不会满意的。但继续在伊莎贝拉城待下去的话，他又要冒很大的风险，因为17艘帆船全体船员的薪饷支出越来越大，粮食储备已越来越少，剩余的粮食也仅够返航之用；几百名船员都在生病，海特尔医生手里的药品也快要用完了。

考虑到眼前的窘境，哥伦布决定让12艘船先返回西班牙。他把这12艘船的指挥权委托给指挥船船长安托尼奥·德·托雷斯指挥。哥伦布在身边留下了"圣·玛利亚·加朗特"号、"加莱加"号和"尼娜"号，另外还留下两艘小船。

后来，西班牙国王手下的官员果然对这12艘船捎回来的物品冷嘲热讽了一番，他们纷纷说：

"名叫肉桂，可它的味道却像是蹩脚的生姜。"

"说是檀香木，可是只听说有香气，却闻不出来。"

……

尽管如此，这12艘船除了捎回去60只鹦鹉和20名印第安人外，还捎回了3万杜卡特的黄金。这大约相当于1.4万英国金镑或3.5万每个值20美元的金币。虽然哥伦布称这只是样品，但是，这个样品数量也算是相当可观了。

同时，哥伦布还写了一份报告草稿交给托雷斯，委托他向费迪南国王和伊莎贝拉女王口头陈述一下。这个所谓的《托雷斯备忘录》，主要是总结了哥伦布在4个月里在殖民地的工作。

哥伦布委托托雷斯向国王说明这里的黄金生产情况，尤其要说明他们现在是如何从河砂中淘取金砂的。由于患病的船员很多，而伊莎贝拉城堡又要留下大批的人员担任警卫工作，所以采金的人力有限；再则，由于缺乏役畜，将贵重的黄金运上船也需要很多人力和很长的时间，因此这次送回国的黄金数量不多，他请求两位国王原谅。

哥伦布还请托雷斯禀告国王，目前他们的状况很艰难，食物和衣服都很缺乏，生病的船员很多。因此，他希望国王可以同意向他们供应一些食物、种子、牲畜、衣料及皮革等，可以廉价卖给殖民地人员。

另外，哥伦布还要求补充100支前膛火枪、100张弓弩和200副防毒

箭的铠甲以及大量的火药和铅弹等。他还建议，对那些在第一次航行中曾被他描写为"温良、恭顺"的印第安人作如下对待：

> 陛下当然有理由希望我们把神圣信仰的教义传授给当地土人，但是，我们不会他们的语言，所以我派了许多男人、妇女和孩子随托雷斯先生去西班牙。但愿陛下能委派一些人给他们以最好的教导，并指导他们学会做各种工作……因为在这些海岛中，加勒比人的岛屿是最大的，人口也是最多的，所以从那里把人送往卡斯蒂利亚的建议是可取的，这样就能够使他们尽快地改变吞食人肉的野蛮习惯了。

1494年2月2日，12艘船在安东尼奥·德·托雷斯的率领下，动身返回西班牙。经过四周多的航行后，船队于3月7日平安到达加的斯港。

费迪南国王和伊莎贝拉女王收到哥伦布的请求后，认为哥伦布的要求都是合情合理的，因此命令船队组织者方塞卡迅速收集作物种子、牲畜和哥伦布要求的一切东西，马上送给哥伦布。但两位国王不同意哥伦布关于由王家供应殖民地人员以衣服、鞋子的计划。

（五）

托雷斯离开后，哥伦布命令船员将弹药和装备全都集中到戒备森严的指挥船上，以防发生叛乱。3月12日，他将伊莎贝拉城堡交给他的弟弟迭戈管理，自己率领一支庞大的探险队沿着奥赫达等人曾走过的路线深入内地去进行勘察。

　　这支探险队有400多人，全部都是骑兵和装备精良的步兵，此外还有一些工匠。士兵们都穿戴着全幅盔甲，擎着各色各样的旗帜，马匹上也都披着绚丽的毛毡，又是吹号，又是击鼓，尽量招摇过路。哥伦布之所以这样做有3个目的：一是向土人炫耀一下，抖抖威风；二是要在西波尔地区建立一座碉堡；三是找到金矿，并进行开发。

　　队伍很快就到达了第一座山梁，哥伦布俯瞰下面，发现这是一片富饶而美丽的山间谷地。高兴之余，哥伦布为这里取名为"皇家平原"。

　　这里土壤肥沃，水源充足，而且人口也很稠密。当哥伦布的探险队经过这里时，每到一个村庄，诚惶诚恐的土著居民都出来迎接他们，并向他们献上食物和金砂。

　　从谷地再向前进发就是中央山脉了，奥赫达一行人就是在这里找到黄金的。当哥伦布的探险队到达这里时，已经是3月16日了。哥伦布下令在此停歇，并选择了一个地方下令立即开始修筑城堡。他为这座城堡取名为"圣·托马斯"。

　　在这里，哥伦布的探险队停留了5天，主要是为了建筑城堡。与此同时，他还派人前往山区勘察，寻找黄金。几天后，派出的人回来了，向哥伦布交出了价值约为现在3000英镑的金块和金矿。

　　到了这里后，哥伦布明白西波尔并非西潘左，但他仍然坚信这里能够找到大的金矿。于是，他指派莫塞·佩德罗·德·马加利特负责管理正在修筑的城堡，并给他配备了356人的卫队。

　　3月21日，哥伦布和其余的人动身返回伊莎贝拉城堡。然而，这里等待他的却是噩讯。在哥伦布离开的短暂时间里，那里的情况日益恶化，许多生病的船员纷纷死去，粮食也已耗尽。每天，每个人只有分到一碗豌豆，每5个人能分到一个鸡蛋。士气极其低落，人人都表现出了不满，个个都想尽快返回西班牙去。

　　仅仅过了两天，德·马加利特就派人给哥伦布送信说，科阿博正在聚集他的队伍，准备向正在兴建的城堡发起攻击。

　　为了加强"圣·托马斯"城堡的防务，哥伦布急忙又向那里派了70多个士兵，以加强新城堡的战斗力量。一周后，他又向那里加派了400余人，由阿隆索·德·奥赫达率领。他们奉命赶到"圣·托马斯"城堡去替换在那里受土人攻击的警备队，然后检查周边地区，把土人赶远一些。

　　然而，这是哥伦布作出的最为糟糕的决策之一。他命令奥赫达不要欺负印第安人，要记得国王和女王的指示——拯救土人的灵魂比黄金更重要，但奥赫达率领他的队伍到达"圣·托马斯"城堡不久，就割掉了一个印第安人的耳朵，理由是他认为这个印第安人偷了西班牙人口袋里的东西。随后，奥赫达又铐了一名酋长，并将他送到伊莎贝拉城堡，说他要对西班牙遗失衣物的事件负责。

　　奥赫达帮助德·马加利特完全解围后，又带领370多人离开新堡垒，沿雷亚尔平原前进，沿途抢劫土人的金子和粮食，并抓印第安人青年做奴隶，抓年轻的姑娘作外室。

　　不过，所有的这些事情哥伦布都没有及时获悉，因为他此时已经在去古巴的途中了，留在伊萨贝拉城堡负责的是他的弟弟迭戈。

　　迭戈是个"正直朴素、办事谨慎、喜欢息事宁人的人"，他缺乏整顿殖民人员纪律的能力，也不能控制奥赫达和马加利特这些贪财的家伙。不过，哥伦布很清楚，除了他这位弟弟之外，殖民区再没有谁是可以信托的人了。

第十三章　考察古巴

如果一个人不晓得把船开往哪一个港口，那吹什么风都不顶事。

——哥伦布

（一）

1494年4月24日，哥伦布乘坐"尼娜"号航船，同时还带了另外两条船："圣·胡安"号和"卡尔德拉"号出航。他此行的目的是要彻底弄清古巴究竟是不是亚洲大陆的一部分，因为他一直都把古巴当成是亚洲大陆的一个半岛。如果真是如此，他企盼能够在那里有幸面见大汗本人。

4月底，哥伦布率领的这支船队就来到了如今被称为东方省的南海岸。这里景色奇异，阵雨甚少，平时就十分干旱，光秃秃的岩石、豆科植物、仙人掌和龙舌兰应有尽有。

在关塔那摩湾，哥伦布一行首先看到的是无人居住的茅舍，在匆匆丢弃的火堆旁，留下了一桌丰盛的宴席，其中有鱼，还有正在火堆上烤着的两只插在矛尖上的大蜥蜴。这是当地的头目准备招待一位下来视察的酋长吃的。

西班牙人将船队停靠在这里，上岸后吃光了这些食物。不久，友好的泰诺印第安人划着独木舟返回来了，还给这些陌生的西班牙人带来了木薯面团和装满淡水的葫芦。

为了补偿印第安人的损失，西班牙人把许多铜铃和其他小物品送给他们。

5月1日早晨，船队乘着海风起航了。很快，关塔那摩的印第安人就将眼前发生的事当做小道消息传遍了全岛，所以当哥伦布的船队靠近陡峭的海岸徐徐前进时，许多土人纷纷跳下海或划着独木舟驶进西班牙船只旁，表示愿意向他们提供薯粉制成的面包和甜水，要求"天上来的人"停船靠岸。

应该说，西班牙人在古巴与土人之间的关系是很友好的，并没有发生什么不愉快的事。甚至直到这次航行结束，哥伦布都与土人之间保持着这种友好的关系。

在关塔那摩以西64千米处，哥伦布发现群山之间的一个缺口，那是悬崖峭壁形成的海湾，船队浩浩荡荡地开入了海湾。20年后，维拉斯凯斯在这里建立了一座城市——名叫古巴的圣地亚哥。

在这里，西班牙人与土人之间也相安无事。5月2日拂晓，船队起锚出发，沿着400年后爆发圣地亚哥海战的水域向前行进。圣地亚哥海战的结果，就是古巴从此不再是西班牙的殖民地。

船队借着信风加快了航速，迅速驶向哥伦布取名的克鲁斯角。在这里，哥伦布曾上岸，后来从这里又率领船队前往牙买加。这个地方是圣地亚哥的印第安人告诉他的。

在第一次航海中，哥伦布就听到了有关黄金岛的传说。眼下印第安人告诉他的牙买斯克在发音上很像是巴贝克的黄金岛，所以哥伦布很希望去那里找黄金。在古巴，他确信这里没有黄金可找。

5月4日，地平线上出现了牙买加的峰峦起伏的轮廓。次日，几只27米长、装备完善的独木舟逼近了哥伦布的船队。但是，这些独木舟并不能阻止西班牙人在美丽的圣科洛利亚湾（圣安斯湾）停泊。数年之后，这里成为哥伦布最后一次航海的终点站。

在哥伦布看来，牙买加岛是他"从未见过的美丽岛屿"，而且是大安地列斯群岛中人口最多的岛屿。

由于船上需要劈柴、新鲜的淡水和填塞船隙的物品，哥伦布便带领船队继续西航，到达了最近处的里约·布耶诺港。随后，哥伦布便派人驾着小船上岸去打柴取水。这些西班牙人刚刚上岸，就遭到土人的抵抗。土人向他们投掷长矛和石块，发射石弓箭，还放出一批恶狗要咬他们，几个被石弓箭射中的西班牙人当场毙命。

可是第二天，情况忽然发生了变化：土人开始谦卑地过来向西班牙人献上食物作为礼品，从此这里再没发生过麻烦。当哥伦布第二次来到这里时，他勘察了这个岛的西岸和南岸。在此期间，他的船也受到良好的保护，并得到充足的淡水供应。当他准备离开时，土著酋长还带着妻子、儿女、兄弟及随从等乘坐独木舟来到"尼娜"号船上，恳请哥伦布带他们前往西班牙。哥伦布婉言拒绝了他们，他们也就友好地离去了。

不过，这里并不产黄金，这让西班牙人大失所望。哥伦布也因此又访问了牙买加的另一个港口——蒙特哥贝港，之后才返回圣克鲁斯角。

（二）

5月18日，船队绕经克鲁斯角，到达了哈尔丁·德拉雷纳群岛，这个响亮的名字也是哥伦布起的。在这里，西班牙人除了看到棕榈树的

顶端之外，什么也没看到。哥伦布曾描写道，他似乎"在玫瑰丛中"穿行。

5月22日，他们又来到了一个小海岛，想向当地的居民换一点食物。但是，船员们只在这里看到一些被丢弃的定居点。他们唯一找到的能吃的东西就是一群"哑狗"，西班牙人很快就把它们煮熟吃掉了。这些饥不择食的西班牙人吃起狗肉来，就像吃"卡斯蒂利亚烤羊"一样，感到美味可口。

6月3日，哥伦布的船队在古巴的南海岸获得了一些收获，他了解了胡安群岛的地理状况，并向印第安人打听，问他们的家乡是否是一座岛屿。但印第安人似乎觉得这是个很难回答的问题，他们只能告诉他，他们之中尚未有人看到过这条海岸线的终点；如果要走到终点的话，恐怕走40个月都不够。

哥伦布再次用自己的方式来解释他们指出的马亚国——印第安人称之为"马贡"，据说，那里住着穿衣服的印第安人——这其实指的是马可·波罗所介绍的中国的曼吉省。

哥伦布当然不满足于此次出航就这样无功而返，但面临的困难又很多：食物短缺，船员们日渐烦躁不安；船只漏水，急需修理。

6月13日，哥伦布认为航行的距离已经够远了，便命令参加此次探险的全体船员签署一份文件，声明他们确信：古巴就是中国大陆的一个半岛。尽管许多土人都告诉哥伦布，古巴只是一个岛屿而已，他却根本不听。事实上，哥伦布只要继续再向前航行两天，就可以到达古巴的最西端了，从而证实古巴的确是一个岛屿。但是，此时的哥伦布需要的恐怕是"自欺欺人"。他宁愿相信自己的判断是正确的，也不想再冒险前去勘探了。

随即，哥伦布命令船队返航，船队开始回头向伊莎贝拉城堡前进。

由于天气刮的是逆风，水也是逆流，哥伦布不能在深海里航行，船队只能沿着岛屿与岛屿之间的浅水航路曲曲折折地顶着风前进。

大部分航程都是枯燥而乏味的，哥伦布曾经写道：

> 如果这些帆船在"印度"只能顺风航行的话，那么产生这种情况不是由于帆船设计不好、行动笨拙，而是因为这里强大的湾流和逆风配合，令谁也别想让船只顺利地前进一步。要知道，7个昼夜所取得的成绩，往往只在一点就能丧失殆尽。除了轻快的帆船外，我即使乘坐葡萄牙的三角帆船，也不能冒这个风险。

1493年时，哥伦布成功地战胜了逆风，令"尼娜"号和"平塔"号在深海里航行过去，那是因为那里的海流不是逆流，行船不需要与海流作斗争。

通过多次航海，到1494年时，哥伦布才渐渐弄懂了逆风前进的唯一方法就是避开湾流，停在平静的海面上，到夜间利用海岸风前进。

在25个昼夜中，船队大约走了320多千米。当哥伦布的船队出现在哈尔丁·德拉雷纳群岛时，他不再坚持船底挨泥的浅水航行了，而是从"十二里迷宫群岛"外面驶入蓝海。

后来，船队又遇到了逆风，哥伦布带领船员一起战斗了10个昼夜，走了290千米。船员们不分昼夜地尽力排水，体力消耗非常大；而他们的食物却减少到每天只能发0.45千克发霉的面包干和一品脱的酸葡萄酒。

6月18日，船队到达了圣克鲁斯角。在这里，他们受到了友好的印第安人的款待。鉴于继续沿着奥连特省陡峭的岩岸航行可能仍会长时间遭受逆风袭击，哥伦布决定放松帆脚绳索歇一歇，并利用这个机会考察一下牙买加。

（三）

　　7月21日，在休息了近4天后，哥伦布的船队便起程前往牙买加。船队缓缓移动着，每晚都要抛锚停航。

　　这里的印第安人十分友好，一位酋长甚至请求哥伦布能够带着他和家人一起去西班牙觐见国王和女王，并"参观卡斯蒂尔的名胜古迹"。本来哥伦布如果答应了酋长的请求的话，那么他的手中就抓住了一张王牌，可以用来讨好西班牙宫廷。但人道主义的考虑在他的心里占了上风，他担心旅途中船队会碰上严寒的天气，以致冻坏他们；或到西班牙后他们的生活方式骤然改变，会发生其他的后果。因此，他在取得酋长发誓忠于费迪南国王和伊莎贝拉女王的保证后，就送了他一些礼品，然后让他带领全体随从人员上岸去了。

　　8月9日，船队经过牙买加东部的莫兰特角，不久便望见了海地的提布隆海角。此后的5个星期，船队又遭遇了顶头风，只能沿着伊斯帕尼奥拉南岸向东缓慢地行驶。

　　在到达一个湾汉处时（此地后来兴建了圣多明各城），哥伦布命令9名船员上岸，要他们抄陆路前往圣·托马斯，通知他的弟弟迭戈，就说他即将返回伊莎贝拉城堡。

　　海上又刮起了猛烈的飓风，3艘航船只能在邵纳岛附近躲避。邵纳岛是为纪念哥伦布的一位快活的客人——库尼奥故乡的一个城市而得名的。

　　9月14日，当船队在邵纳岛停泊时，天空发生了月全食。哥伦布手里有一本记录着纽伦堡这次月食时间的历书，打算根据这个资料确定自己所在位置的经度。

　　这是一个相当简单的测算题——月食时差一小时，经度差为15°，可哥伦布却算错了。经过测算，他得出的答案是格林尼治以西经度91°30′，比正确答案多了23°。如果按照哥伦布得出的结果来计算的话，那么邵纳岛应该位于太平洋岸危地马拉境内。以这个错误的计算为基础，哥伦布自然很容易令自己相信，当他毅然从古巴返航时，他已经绕着地球走过很大的一部分地方了。

哥伦布本来打算再前往波多黎各去，但船队刚一经过莫纳海峡，他就患上了重病，出现了严重的神经衰弱现象。这是由于在海上经常睡眠不足、食物粗劣，并遭受雨淋水浸的结果。可能在那时，哥伦布的身上已经出现了初期关节炎的症状，这一病症也成为他最后10年里最让他感到痛苦的顽症。

为了哥伦布的健康，船队直接驶向伊莎贝拉城堡，并于9月29日到达。当时，哥伦布已经处于昏迷状态了。

在这次古巴之行中，哥伦布虽然没有找到大汗帝国，但5个月的循环航行还是获得了许多收获。途中，他考察了许多岛屿，这些岛屿后来都成为西班牙最有价值的海外属地；他发现了牙买加，这是旧大不列颠帝国王冠上最耀眼的一颗明珠。

哥伦布还用事实说明：他用同样的技术能够沿着海岸航行，也能够用同样的技术在错综复杂、迷宫一般的群岛之间航行，正如他能够统率一个船队，通过辽阔的汪洋大海、开辟正确的航路一样。

哥伦布成了永不停歇的探索者的化身。在美国首都华盛顿国家航空航天展览馆中有一个展室，其标题用英、西、法、德、俄、日6种文字写道："下一步向何方，哥伦布？"其中心思想是要继承和发扬哥伦布的勇敢精神，探索未知世界。

第十四章　三兄弟治理新大陆

在人生的海洋上，最痛快的事是独断独航，但最悲惨的却
是回头无岸。

——哥伦布

（一）

哥伦布从昏迷之中苏醒过来，发现自己已经上了岸。而使他不胜惊
喜的是：他的大弟弟巴托洛梅正站在他的病床边。

巴托洛梅曾去过法国，在卡尔八世的宫廷中为哥伦布争取航海项
目。在那里，他听说了自己的哥哥第一次远航的消息。后来，他返回
西班牙，获得了西班牙国王的接待，国王对他产生很好的印象，并根
据在圣菲确立的协定封给他贵族称号，还委任他为1494年4月14日起程
去新大陆的3艘三桅帆船的总指挥。

巴托洛梅是个出色的航海家。与伪善而胆怯的迭戈相反，他具有果
断坚毅的性格。此次来到伊莎贝拉城堡，巴托洛梅是受西班牙国王委
托，率领3条船为伊莎贝拉城堡运送给养的。其实他在6月份的时候就
已经到这里了。

此时，伊莎贝拉和伊斯帕尼奥拉的形势不但没有如哥伦布设想的那

119

样，在他离开期间能有所改善，反而更加糟糕了。

在此之前，哥伦布曾命马加利特带领一批船员深入岛内寻找黄金，结果适得其反。在圣·托马斯得到奥赫达的支援后，马加利特率领350多人在岛上一连几周都胡作非为：从土人手中抢夺食物和黄金，残酷拷打他们，奸淫妇女，强迫年轻人当奴隶。

这伙人的恶劣行径传到迭戈·哥伦布耳中时，他曾给马加利特写了一封信，指责他的错误行为。但马加利特不仅没有丝毫收敛，反而还带着他的一部分队伍进军伊莎贝拉城堡，争取了一批反对哥伦布的人站在他的一边，其中就有弗雷·布依尔教士等。

马加利特还夺取了巴托洛梅·哥伦布带来的3条船，然后与他的同党一起径自开船返回西班牙去了。而马加利特留在岛内的另一批人又进而分裂成新的团伙，更加野蛮地欺凌和杀害土著人。对此，土著人也开始奋起反抗，以其人之道还治其人之身。西班牙人与土人之间的矛盾日渐恶化。

在哥伦布返回伊斯兰堡城堡后的一两个月内，又有4条满载粮食物资的船只从西班牙来到这里。此次指挥这4条船的是安东尼奥·德·托雷斯。他还带来了国王和女王写给哥伦布的一封措辞客气的信，要求哥伦布将伊斯帕尼奥拉岛的事务交给他的弟弟或别人负责，自己返回西班牙，帮助国王与葡萄牙谈判。

这封信为哥伦布提供了一个很好的机会，他可以借以回到西班牙回击马加利特和布依尔的造谣诽谤。可不知道是因为病得厉害，不能远涉重洋，还是因为想处理完伊斯帕尼奥拉岛上的事后再走，哥伦布迟迟没有动身。

不但如此，由于收集的黄金数量远远不够，为了想更多地弄些珠宝黄金献给西班牙王室，哥伦布竟然做出了一个很不理智的决定——包围和抓捕那些想抵抗马加利特分子的印第安人。

在此之前，哥伦布曾多次声称：泰诺人是世界上最善良、最质朴、最热爱和平的民族，而两位国王也特别吩咐他要以同样的方式对待这些印第安人。可这一次，哥伦布说的和做的完全是两码事。

很快，哥伦布就派出一批队伍，骑着马，带着狼犬，以清剿的名义深入岛内。经过一场血战，西班牙人抓获了1500多名无辜的印第安人，其中包括很多妇女和儿童，然后把他们全部押解到伊莎贝拉来。

这时，安东尼奥·德·托雷斯的船队已经在港口待命，准备返回西班牙。哥伦布派遣他的小弟弟迭戈与托雷斯同行，返回卡斯蒂利亚，向王室作进一步的情况说明，以反击造谣中伤他的马加利特和弗雷·布伊尔教父等。哥伦布的这一做法收到了一定的效果，西班牙国王此后又重新确认了哥伦布的权利，包括他应得的黄金份额。

此次哥伦布没有太多的黄金可以供托雷斯的船队带回西班牙，但他却有了奴隶。由于托雷斯的4艘船最大容量只能载500人，所以哥伦布就从俘虏来的印第安人中挑选了500名装上船，准备将他们运到西班牙后作为奴隶出售。这件事他还特别嘱托雷斯要托迭戈办理。哥伦布的这一不恰当做法，也更加怂恿了其他人对印第安人的残酷劫掠。

1495年2月24日，德·托雷斯的船队动身返回西班牙，途中花费近3个月时间，大约有200名印第安人在旅途中死去，尸体被抛入大海。其余的印第安人在加的斯港上了岸，但几乎个个都身染重病，气息奄奄，在奴隶市场上根本卖不出去。所以，大部分印第安人在几个月后都先后死去了。

（二）

在被抓到伊莎贝拉城堡的印第安人中，有一个名叫瓜提瓜纳的酋长。在关押期间，他磨断了身上的镣铐，逃出了牢房。

随后，他力图联合伊斯帕尼奥拉岛上的所有印第安人，人数不少于25万人，一起抵抗西班牙人的暴行。不过，岛上的居民虽然属于同一种族，但还是难以采取一致的行动。岛上西北部的瓜卡纳加里仍然忠于他和哥伦布之间商定的不成文盟约；而位于岛另一端的哈腊瓜地区和海古伊地区的酋长则自认为他们能够保持中立。

但瓜提瓜纳依然设法在韦佳·雷亚尔地区征集了一支数量惊人的军队，向伊莎贝拉城堡展开了进攻。

哥伦布获得这个消息后，马上任命他的弟弟巴托洛梅·哥伦布和奥赫达担任他的副指挥，三人一起率领着200名步兵和20名骑兵前往迎战。

在北部山区向下倾斜通向"皇家平原"的地方，印第安人中了哥伦布等人事先布置好的埋伏，结果武装精良的西班牙人很快就占了上风。在激烈的战斗中，几百名印第安人被杀害，还有几百名被俘获，带回伊莎贝拉做奴隶。

这次战役发生在1495年3月底，是西班牙人与印第安人的第一次对阵战役。此战刚刚结束不久，哥伦布又接到消息，称大酋长科阿博准备进攻圣·托马斯堡。这次，哥伦布决定派遣奥赫达带领士兵前去迎战。

很快，奥赫达就率领16名骑兵、250名弓弩手、110名长铳手和20名军官出发了。哥伦布给他的指令是：活捉科阿博。

科阿博深居内陆山地，拥有一支英勇善战的印第安队伍。为了取胜，奥赫达挑选了一些骑兵，穿过将近320多千米的大森林，突然出现在科阿博所在的村庄里，并谎称是海洋统帅哥伦布派来的友好使节，邀请科阿博酋长到伊莎贝拉城堡去做客。

科阿博对奥赫达的话信以为真，随同奥赫达一起向伊莎贝拉城堡进发。在途中，奥赫达施展诡计——取出一副特制的锃光闪亮的手铐

脚镣向科阿博炫耀，谎称这件物品是西班牙国王在节日骑马时带在身上的装饰品，今天他打算当做礼品赠给科阿博。如果科阿博下河洗个澡，奥赫达就可以为他戴上，他也能像西班牙国王一样威严堂皇。

科阿博再次对奥赫达的谎话信以为真，并一一照办，结果这副钢铁刑具被戴在了他的身上，锁住了他的手脚。

诡计得逞后，西班牙殖民者立刻原形毕露，将科阿博捆回伊莎贝拉。

几周后，科阿博的妹夫，一位住在岛西南部的酋长贝西奇奥带领队伍前来伊莎贝拉复仇，但被奥赫达打败了。从那以后，印第安人被彻底压服。

就这样，伊莎贝拉城堡首次成为海岸进攻基地，后来西班牙人就是从这里出发去征服全岛的。哥伦布本人也曾亲自率领队伍跨越全岛，作过一次胜利的进军，将全岛完全慑服。

到1496年，西班牙人在岛上已经完全可以为所欲为、高枕无忧了。不过，这也只是哥伦布想要实现的第一个目标。随后，他下令在岛内各地修筑城堡，并在那里驻扎武装部队，加强戒备。

差不多整整一年的时间，哥伦布兄弟都忙于平定全岛，整顿秩序，力图攫取更多的黄金。他们还在岛内兴建了几座城堡，并派出一队队武装人员到处搜罗黄金，对拒不交出黄金的印第安人格杀勿论。

他们还规定：每个年满14岁的印第安人每年缴纳的金砂数量要装满4个铜铃；一个酋长每个月缴纳的黄金数量要值225美元或45几尼。

在这个残酷制度的压榨之下，印第安人祖祖辈辈积攒下来的金饰全都被剥夺了。在被剥净黄金之后，他们唯一剩下的纳贡办法，就是拼死拼活地劳动，从小河或已清除树木的土地上开采黄金。

有许多印第安人因不堪压榨，只好逃入山林，西班牙人就放猎犬追捕他们，很多人都死于追捕拷问。即便有人能幸而逃脱，最后也往

往死于饥饿。

据1508年时统计，岛上的居民大约只剩下6万人；而在1492年时，人数还多达25万人之多。50年后，岛上的印第安人甚至不足500人了。由哥伦布创立并由他的后任继续的残暴政策，最后的结果就是导致土著居民全部灭亡。

（三）

德·马加利特和布依尔回到西班牙后，开始在国王面前诬陷哥伦布，并声称哥伦布在伊斯帕尼奥拉管理不善，经常引发印第安人的暴动；甚至说伊斯帕尼奥拉岛根本没有黄金，哥伦布只是在骗王室的钱财，在那里享受。

开始时国王还不信，但时间久了，加上返回西班牙的移民的示威和指控，国王对哥伦布的行为也渐渐产生了怀疑。于是，两位国王决定派遣他们的御厨、专事糖果糕点制作的胡安·德·阿古亚多去伊莎贝拉城堡查明真相，然后回来向两位国王汇报。

德·阿古亚多曾在第二次跟随西航的船队到过伊斯兰堡，后来与安东尼奥·德·托雷斯一起返回西班牙，因而对当时的情况有些了解。1495年4月9日，国王费迪南和女王伊莎贝拉颁发给他一纸命令，委他以重任：代表国王和王后说话。同时，国王还事先写好了一些委任状，让德·阿古亚多带到伊莎贝拉城堡，在那里委任官员，并要求驻扎在那里的骑士们、绅士们和其他人员都服从和信任德·阿古亚多。

1495年10月，阿古亚多来到伊莎贝拉岛，这让正在海岛内逗留的哥伦布感到十分惊讶，因为他同时还得知阿古亚多准备与那些被他征服的酋长们谈判。

　　哥伦布意识到，他必须动身返回西班牙，以改善自己的政治地位，澄清那些对他不利的流言。此时，伊斯帕尼奥拉岛上的西班牙人数也已经减少到630人。减少的原因，一部分是因患病死去了，另一部分则是已起程回国。留下来的西班牙人中，生病的也不少，大家都怨声载道，心怀不满。他们本来居住在气候优良、土地肥沃、物产丰富的地方，现在却要从本国运来粮食维持生活。在伊莎贝拉岛上，西班牙人之间最逗人喜欢和最打动人心的一句话就是：

　　"如果我撒谎，我就说：但愿上帝别让我回到卡斯蒂利亚去！"

　　可不巧的是，阿古亚多停泊在伊莎贝拉岛的4艘三桅帆船遇到了刚刚开始的飓风，被风刮坏了。无奈之下，哥伦布只好留在伊莎贝拉等待，直到用这4艘船的残骸重新造出的第一艘"印第安"号在新大陆下水时，才得以返航。

　　在返航前，哥伦布任命自己的弟弟巴托洛梅为自己离职期间的全权代理人，并吩咐他放弃伊莎贝拉城堡，另外在岛南部建立新的首府。

　　1496年3月10日，哥伦布乘坐"尼娜"号，带着"印第安"号，离开了伊莎贝拉岛，同行的有当初跟随他一起来的220名船员和30名被抓来的印第安人，其中还包括中途死去的科阿博。这让两艘船的负载都达到了危险程度，其实两艘船的载运量应该限制在50人以下。

　　虽然哥伦布很想以最快的速度航行回国，但因为对返程的航道探索不够，所以并不是任何人都知道该走哪条路才最快、最省时间。哥伦布回想起1493年走北线航道，路上耽搁了很长时间，因此这次他决定从背风群岛返回西班牙。

　　这的确是一条最短的航路，但事实上按时间算它却成了最长的路程，因为2条船在海上常常遇到逆风，需要不断与逆风搏斗。一直航行了12天，2艘船才走过伊斯帕尼奥拉岛南岸；又走了两个多星期，才到达瓜德罗普岛。在瓜德罗普岛，2艘船停泊了十几天，休整了一下队伍，同时还补充了一些粮食。

4月22日，"尼娜"号和"印第安"号驶离瓜德罗普岛。随后的一个月里，2艘船依然不断遇上逆风，走得很慢。船员们用极少的口粮熬过了一个月，大概在到达亚速尔群岛南面时，才碰巧遇到了令人愉快的西风，可饥饿的威胁却与日俱增。

这时有人提议，为了节约粮食，必须把船上所有的印第安人都丢到海里。但哥伦布不同意这样做，声言加勒比人毕竟也是人，应该把他们当人看待。直到6月8日，当两艘船已经远远地望见葡萄牙海岸时，船上的人还在争论不休。

这时，"尼娜"号和"印第安"号已经行驶到圣维森提角以北56千米的地方，那里正是哥伦布打算走的地方。海上的船员认为他们离海岸还很远，远在几百千米以外，而船只也仿佛就在它们的实际位置以北几百千米的地方航行。

经过6个星期的航行，并多次改变航向后，哥伦布带领船队十分准确地到达了预定目的地。他的此次成功令所有职业船员都深信：哥伦布的确是根据罗盘仪推测航位的优秀航海专家。

1496年6月11日，哥伦布在加的斯港结束了他的第二次航行。船上的人虽然将所有可用的西方旗、三角旗都悬挂起来，竭力把船打扮得威武一点，但它们仍然给人一种凄惨的印象。据一位目击者描写，2艘船上那些可怜的西班牙人和印第安人都筋疲力尽到了极点，以至于"脸庞显出了番红花的颜色"。

第十五章　第三次西航

勇敢追求新的地平线，就是冒险家。

——哥伦布

（一）

当"尼娜"号和"印第安"号靠近加的斯港，哥伦布踏上陆地时，他感到心力交瘁，明显衰老了。此时哥伦布的年纪也不过只有45岁，但他的头发和胡须都已经雪白了。

此时，国王费迪南和女王伊莎贝拉正在西班牙北边的某个地方，哥伦布回来后只好先在安德列斯·贝尔纳尔德茨神父家中做客，等待着国王的召见。

1496年7月22日，哥伦布收到了国王夫妇召他入朝觐见的书信。于是，哥伦布动身出发，越过梅里达、萨拉曼卡和瓜德罗普，向杜罗河畔的阿尔卡萨行宫行进。

这一次，哥伦布带领觐见国王的队伍中虽然也有鹦鹉和印第安人，也带了不少金子，但已经没有了第一次返国时的轰动效应。而他本人也是满头白发，一脸胡须，面容憔悴，眼眶凹陷。

这一次，哥伦布也没有穿做工考究、装饰华丽的丝绸礼服，而是穿了一件圣方济各会修士习惯穿的深褐色的粗布袍子。他回来以后，还住在修道院设备简陋的房子里，吃粗劣的食物。

哥伦布的憔悴面容和他的这身打扮似乎是为了赢得人们对他的同情。面对包括布依尔教父在内的先前返回卡斯蒂利亚的人对他的种种诬告，他必须要向国王说个明白。唐·胡安·德·方塞卡还告诉他，他送来当做奴隶贩卖的500名印第安人大部分都已经死去，这引起了国王的极大不安和烦恼。

但是，当哥伦布到达巴利亚多利德时，得知两位国王正在布尔戈斯，只好又改道前往布尔戈斯。

在布尔戈斯，哥伦布见到了费迪南国王和伊莎贝拉女王，并再次有机会在国王和女王面前为自己申辩。他明白：与自己的批评者、诋毁者论战的时候到了。经过充分的准备，他胸有成竹的发言收到了一定的效果。在申诉中，他历数自己经历的困难：治理殖民地的时间太短，生活条件异常艰苦，印第安人还不断反叛。后来，他还向国王们献上了大小不等的金粒和一根特大的金项链。

两位国王听了哥伦布的申述后，被他的激情善辩和卓越口才深深折服。在这次申辩过程中，哥伦布不再吹嘘他想象中的西潘古了；相反，他建议两位国王拿出钱财建设现已被卡斯蒂利亚征服的新的土地。

这一观点正好迎合了两位国王的心意。对于他们来说，哥伦布西航事业中发现"印度"的最大收获，就是让西班牙王室获得了新的领土，这是比金子更为宝贵的东西。

但是，这个收获好像来得太突然了，以至于西班牙的两位国王对它还没有足够的思想准备。他们刚刚才将西班牙境内的各个王国从以前封建割据的混乱状态下解脱出来，还未能来得及组织起一个强有力的统一的国家；现在，一个新的帝国一夜之间又摆在了他们的面前。

与此同时，两位国王也逐渐对哥伦布的性格有了更多的了解。与宾松、方塞卡、布依尔和阿古亚多等人关系的恶化乃至破裂，直接反映出他的性格缺陷：专横、急躁、傲慢。很明显，治理"印度"群岛的任务交给哥伦布是不合适的，他不能胜任。在建立殖民地过程中，哥伦布所推行的种种政策，无论是对于西班牙殖民者来说，还是对于印第安人来说，最后都以失败而告终。

在刚刚来到伊斯帕尼奥拉岛时，哥伦布企图通过友善措施让西班牙殖民者与印第安人和睦相处，但结果他离开后不久，纳维达德城堡便被毁了，留守的西班牙人员也全部被杀。

后来，他又使用武力征服土著人，强迫他们劳动，强行向他们征税，结果也未见成效，并且还遭到了土著人的坚决抵制。

因此，虽然哥伦布极力要求两位国王建设新征服的土地，但两位国王也看到了哥伦布的弱点，并不准备答应他的请求。所以，哥伦布与两位国王之间因为建立殖民地问题而出现了一些分歧。

（二）

当哥伦布在布尔戈斯的瓦拉多利德宫觐见费迪南国王和伊莎贝拉女王时，发现他的两个儿子也在这里迎接他。此时，哥伦布的两个儿子迭戈和费兰多已经是女王的侍卫了。

尽管在谈论西航殖民地的问题上出现了分歧，但两位国王仍谦和地接待了哥伦布。哥伦布当场呼吁国王们开始准备第三次西航。他请求国王用5条船为伊斯帕尼奥拉殖民地运送粮食和其他物资，给他3条船用于专门探索新大陆。据说，葡萄牙国王相信新大陆存在于安地列斯群岛南部或东南部的大洋之中，哥伦布也从印第安人那里找到了线

索，肯定那里存在着这样的一个新大陆。

葡萄牙国王约翰二世曾研究过地理学，是一位博学多识的国王。他相信博威的文森特和塞维利亚的伊西多尔等学者的看法，这两位学者都认为世界上存在着第四大洲——安提波达洲。这个大洲应该位于赤道以南，与非洲"大小相等"。

此时约翰二世已经去世了，但他相信存在这个大陆的信念对西班牙的两位国王却总是个刺激，令他们的内心产生了首先占领这个大陆的念头。同时，两位国王也清楚，约翰的继承人曼纽尔现在正在准备一次大规模的远洋航行。

所以，国王在听完哥伦布的请求后，虽然没有马上答应，但表示会认真考虑。

不久，国王就批给了哥伦布装备8艘船的费用：600多万马拉维迪。但哥伦布却未能使用，因为1496年10月带着3艘三桅帆船从伊斯帕尼奥拉岛返回的佩拉隆索·尼诺向国王进谗言，谎称哥伦布此次返航带回了大量的黄金。国王听后，非常生气，立刻收回了批给哥伦布的经费。

在佩拉隆索·尼诺的谎言被揭穿之前，哥伦布有将近一年的时间都生活无着。此刻，他的状况在某种程度上与第一次航海之前一样。如果说，此前他必须忍受讥讽和嘲笑，那么现在，他还不得不对付那些嫉妒者和失意者。

在给弟弟巴托洛梅的信中，哥伦布表示自己已经对生活感到十分厌倦了，并认为自己无力再承受周围的猜疑和妒忌。关于这段时间，他后来在第三次西航的报告中曾这样写道：

> 从印度回来以后，我曾希求在西班牙重新吸取力量。但事与愿违，我在那里遇到的只有阻力和抱怨。

直到1497年，从葡萄牙传来消息称，巴斯克·达·伽马差不多已经准备好一切，随时可以起航了。但他究竟要到哪里去，却始终是个秘密。据西班牙人推测，他很可能是去探寻"世界第四大陆"。这样一来，西班牙的两位国王也不得不赶快开始行动了。

1497年4月底到6月中的这段时间，费迪南国王和伊莎贝拉女王又重新起用哥伦布，并重新确认了哥伦布的权利和爵位，同时还命令他招募300名殖民人员，由王室出钱负责将他们送到伊斯帕尼奥拉岛去。他们的工资会按照工种来决定，普工和士兵每天的工资是7便士，农业工人和园林工人每年是9几尼，另外每天再加发4便士的生活费。

国王还授权哥伦布招募30名妇女参加此次远航，但不给她们发年薪，也不发每天的生活费，而是希望她们一到那边就结婚。她们也成为第一批被允许航行到新大陆去的女性。

国王和女王还赦免了所有有劳动能力的囚犯，条件就是要他们同意跟随哥伦布到印度去待上一两年。哥伦布奉命后，随即送去了一批年轻的犯人到伊斯帕尼奥拉岛去。对此，他后来感到十分懊悔。

（三）

整个1497年都是在拖延中过去的，哥伦布十分着急。因为就在这一年的7月，葡萄牙船长巴斯克·达·伽马已经从里斯本出发，并绕道好望角成功驶向印度，还在当地建立起永久性的贸易站。

直到1498年5月下旬，哥伦布的第三次西航的船队才准备停当。这一次，哥伦布将指挥6条船从塞维利亚出发，沿瓜达基维尔顺流而下。在此之前的1498年1月，"尼娜"号和"印第安"号已经提前起程驶往

伊斯帕尼奥拉岛了。

在这6条船中，有3条帆船是准备用来装运粮食及其他物质直接开往伊斯帕尼奥拉岛的。这3条帆船由鲁瓦哈尔统一指挥。鲁瓦哈尔曾放弃巴埃萨市长的职位参加了哥伦布的第二次西航，当时是担任一名船长，表现出色。现在，鲁瓦哈尔已经成为哥伦布手下最忠实的船长之一了。

另外3条帆船作为哥伦布远航探险之用，其中有2条轻快帆船，1条指挥船。指挥船的大小与原来的"圣·玛利亚"号差不多。不过，哥伦布不再为指挥船命名，只是简单地称它为"拉·纳奥"船。

另外2艘轻快帆船中较大的一条排水量达70吨，名为"瓦肯约斯"号，较小的一条名为"克列奥"号。

哥伦布的3条探险船与卡瓦哈尔的3条物资船都按时开到了塞维利亚集合。1498年5月30日，哥伦布在这里登上指挥船，开始了他的第三次西航。

这一次，哥伦布决定按照比以前两次更南端的航路行进，目的是找到葡萄牙国王约翰二世所讲的大陆，同时也希望能在途中找到更多的黄金。当时，人们普遍都坚信宝石和金属只存在于赤道附近。因此，哥伦布也决定南下，驶往英国殖民地萨拉热瓦的那个纬度上去，因为葡萄牙人曾在萨拉热瓦找到了黄金。从那里，他再折向正西方向航行。

6月7日，船队到达圣港，在这里装载了木材、淡水、蔬菜以及焙制食品等，并于次日晚间向马德拉群岛驶去。

从前在经商时，哥伦布曾在马德拉群岛居住过。因此这次到达马德拉群岛，哥伦布受到了群岛上一些熟人的热烈欢迎，他们还为哥伦布举行了庆祝活动，这让哥伦布的信心再一次增强。

在圣塞瓦斯蒂安装载了最后一次物资后，哥伦布宣布了自己的决

定：3艘帆船直接开往伊斯帕尼奥拉岛，给当地的移民送去食物、建筑材料和牲畜；另外的3艘由哥伦布指挥，直接向南航行。2支船队在费罗海面上分道扬镳。

随后，哥伦布率领3条探险船向佛得角群岛航行，6个昼夜行走了150千米。在博阿维什塔岛，船队停留了4天，并采集了一些食物。

7月1日，船队又赶到圣地亚哥岛停泊。哥伦布想在这里弄几条活的牲畜带到伊斯帕尼奥拉去繁殖。他们在岛上停留了一周，但由于天气炎热，许多船员都病倒了，结果没有买到牲畜就离开了该岛，向通往厄瓜多尔的方向驶去。

当船队驶近福古岛时，有3天是风平浪静的天气。7月7日，又刮起了顺风，哥伦布力图保持船队的航向与萨拉热瓦的内海岸平行，所以转向西南航行。这时，船队已经到达了北纬9°30′和西经29°的地方。

这里是赤道的无风带，是信风与信风之间的风少而雨多的"无人地区"。随后的8个昼夜，船队随着赤道洋流漂流。天气异常炎热，木桶被晒得开裂，淡水和酒也都流失了，肉食和麦子都像被烤焦似的纷纷烂掉。哥伦布和船员们都开始担心他们会在这里因饥饿和干渴而死去。

后来，哥伦布在向伊莎贝拉女王讲述这段经历时说：

"天气如此炎热，阳光如此强烈，我以为我们会被烤焦。"

幸好后来刮起了强劲的东—南—东风，随之而来的是一场大雨，让哥伦布和他的船队绝处逢生。7月22日，带着凉意的信风从东南方向吹来，3条船开始加速前进。哥伦布指挥着船队笔直地向西航行，一连9个昼夜，在信风的推动下，船队的平均船速达到了每小时6个多海里。

哥伦布性格倔强，为实现西航到达东方的理想，他花了18年的时间，在欧洲各个王室中间往来奔走、呼吁。在此期间，他遭受过贫穷、绝望、耻笑、轻蔑、侮辱等常人难以忍受的痛苦。他第一次西航率领的船员个个都富有反抗精神，一旦遇到危险，都极易歇斯底里地发作而又非常崇尚迷信。哥伦布用尽各种手段才使他们就范，坚持航行到达大洋彼岸。

第十六章　登上南美洲

我必须回到海上去，那孤寂的海天之间，潮水奔腾的野性呼唤令我无法抗拒！

——哥伦布

（一）

在赤道的无风带，船员们不仅不敢脱掉衣服，还都穿着厚厚的毛衣，因为他们担心在日光下脱掉衣服会把皮肤晒黑。

在这种情况下，哥伦布想到应该趁着平静无风的时机用象限仪观察北极星，来测定船队所在的位置。但是，这一次像往常一样，当他按照天体导航法来测算时，他又犯错了。他得出了北纬5°的结论，错误使船队向南远走了400千米的航程。

可是，由于一个奇怪的原因，哥伦布一直认为自己的结论是正确的。因为许多年前，葡萄牙国王约翰二世部下有个航海家，曾将萨拉热瓦附近的洛斯群岛的纬度测成北纬5°。而葡萄牙人犯的错误，现在哥伦布又犯了。实际上，洛斯群岛的纬度是北纬9°30′，哥伦布的船队现在差不多已经到这个纬度了！

由此可见，哥伦布其实是到了他想到的地方，但由于这个4°半的错误令他以后测算出来的纬度都是错误的。

1498年8月2日，船队经过博卡的拉塞尔平特进入帕利亚湾。这时，船员们注意到，蓝色的海水突然变成了墨绿，然后又呈泥灰色——难道一个岛屿上能有巨大的河流？

他们还没来得及弄清这个问题，就来了一群当地人——他们划着独木船靠近哥伦布的船队，独木船上坐着20多个印第安人。令哥伦布感到吃惊的是，他们的皮肤颜色并不比居住在他们北边的亲族们的肤色深。显然，他们不是大汗的臣民，甚至不是黑人。哥伦布对他们的描述是：

"他们看起来都很年轻，身材魁梧，身上佩着弓箭和盾牌。他们的肤色不黑，比我见到的其他所有印第安人都白。他们举止适度，体形优美，头发长而光亮，修剪得像卡斯蒂利亚发型，头上还缠着各种颜色的棉布。"

刚开始接触时，困难很大。为了诱使来者靠近西班牙的船只，哥伦布让人"拿出很多黄铜'夜壶'和其他闪闪发光的东西"给他们看，但收效甚微。他又让所有会摆弄乐器的船员都登到甲板上吹拉弹唱，以求获得最佳效果。有几个船员还随着弹奏的节拍开始手舞足蹈起来。

这下印第安人惊呆了，受惊的印第安人似乎终于决定向这群陌生人射箭。结果，西班牙人的乐队在新大陆的首场演出便这样以令人沮丧的惨败告终。

无奈之下，哥伦布只好和他那些不走运的演奏者们准备离开这个看起来不太安宁的海湾。在8月4日的记载中，哥伦布就这里的现象进行了详细的描写：

听到从南面发出的隆隆咆哮声传到船边时，我们正在甲板上。我注意到，翻滚的波涛从西向东而来，巨浪与我们的三桅船一样高，滚动着向我们扑来，白色浪峰上的浪花飞溅，就这样带着狂啸声越来越近……

同时，我们还可以听到狂涛拍打岩石发出的巨响，至今我都觉得害怕，因为当时船只似乎顷刻之间就将葬身于波涛之中。

后来，其他的探险者也曾经过这里，但并未遇到过这样的情况，但这一自然奇观给哥伦布留下了深刻的印象，以致在以后的航行中不再以"圣"的名字来命名了。博卡的拉塞尔平特和博卡德尔德拉贡这两个由哥伦布为帕利亚湾的进出口取的名字，一直保留到今天。

（二）

8月5日，船队驶向哥伦布命名的帕利亚半岛南端的格拉西亚。至此，第一批欧洲人登上了南美洲的土地。

在这里，他们找到了"火、人的足迹和一所大房子"；在梅西约内斯山脚下的树枝上，受惊的猴子发出吱吱的尖叫。西班牙人在这里立下十字架，以标示这块发现的领土归西班牙所有。但仅仅对着一群猴子宣布这个海岛归西班牙所有似乎显得不太庄重，哥伦布只好将占有典礼推迟了。

第二天，西班牙人才碰上印第安人。哥伦布派老船长、参加过两次西航的老水手佩德罗·特雷罗斯上岸，向到场的印度安人宣布西班牙人正式占领这个"省区"。印第安人告诉他，这个地方名叫帕利亚。

8月8日，船队重新开始考察海湾。哥伦布率领着船队绕过长锥形的亚尔卡特拉斯海峡，发现前面有一排肥沃的低地，其中有花草，有长着红树木和黄树木的树林，枝叶茂密，光泽生辉。哥伦布给这排海岸取名为洛斯·哈尔蒂涅斯（花园）。

这个地方，有几名妇女从村里走出来，登上西班牙船只参观。她们的脖子上都戴着漂亮的珍珠项链。西班牙人看到这些项链后，精神振奋。之所以如此，不仅因为这些项链值钱，还因为项链本身就意味着东方。

这几个印第安妇女很愿意拿项链交换西班牙船上的普通商品，但可惜她们手中没有多余的项链。哥伦布用手势告诉她们多准备一些项链，等他再来时交换，不过后来他并没有再到这里来。

这里的土人也都非常热情好客。他们邀请满满的一小船船员上岸，在一间大茅舍里大摆筵席，表示对西班牙人的敬意。西班牙人吃得酒足饭饱之后，满意地回船了。

随后，哥伦布继续指挥船队西行，极力寻找公海的水道。海水开始时不那么咸，但不久就越来越浑浊、越来越咸了。"列奥"号奉命在前面探路，发现西面有4条水道。这些水道其实都是格兰德河的出水口，还有奥里诺科河的一个出水口。

在以后的9天里，哥伦布考察了特立尼达岛西边的帕利亚湾。他怎么也没想到，帕利亚湾西边的陆地实际上就是南美洲大陆的一部分。帕利亚湾是一片位于特立尼达岛与大陆之间几近封闭的海域，哥伦布在远处已经看到了大陆——第一次看到了南美洲大陆——但他却固执地认为，那里只不过是一个岛屿，他根本不相信自己正在考察一个新大陆。哥伦布就这样与他梦寐以求的事业——发现新大陆失之交臂。

次日，海面上整天都刮着海岸风。傍晚时分，哥伦布率领船队顺流到达波卡斯·德尔·德拉港海峡，在查卡查卡岛上的一个小港口停泊，他将这个小港口命名为加托斯港。

8月13日，船队继续航行，进入波卡·格兰德海峡。就在海峡的这个地方，帕利亚湾的淡水要从这里流出去，大海里的咸水浪潮又要从这里涌进来。结果，两边水流在这里交锋，形成了一个巨大的漩涡。

这一突如其来的境况令船员们心惊胆战。但最后因为淡水比咸水多，船只徐徐顺流下驶，船员们才得以脱离危险。

进入加勒比海后，船队又向北航行约97千米，哥伦布看到了一个海岛。由于这一天是圣母升天节的前一天，所以哥伦布就给这个岛取名为阿松森岛。

（三）

8月15日早晨，他们又发现了另一个岛，名为玛格丽塔岛，意即珍珠岛。虽然这个岛上有许多珍珠，但由于要赶到圣多明各去，哥伦布并没有在这里停留。事实证明，哥伦布的这个决定太草率了，因为发现珍珠海岸可以提升他在西班牙的威望。即使他推迟几天到达伊斯帕尼奥拉岛，也不会令那里的情况发生多大的改变。

恰好在圣母升天节这天，哥伦布的脑子里突然闪出一个念头：帕利亚就是大陆。他在自己的日记中写道：

> 我相信，这就是至今无人知晓的很大的大陆。促使我产生如此想法是有很多理由的：这么大的河流，这么大的淡水海，还有以斯拉所说的地球上七分之六是陆地，七分之一是水……
> 圣·安波罗修斯在他所著的《创世时期》中赞成这个意

见。……另外，我曾经多次听到加勒比地区一些印第安人说：他们的南方是一片大陆，那里有许多黄金。他们的说法也支持了我。

如果这里的确是大陆，那真是妙不可言。因为一条这么大的大河流下来，造成了一个宽48里格的淡水海，所以一切有识之士都认为大河那里是一片大陆。

哥伦布在日记中所说的这些陆地是另一个大陆是符合实际的。由于偶然的原因，他没有使用"新大陆"这个词，否则，亚美利哥·韦斯契浦（1502年曾从南美探险，印行《新大陆》一书）所博得的桂冠就会归他所有了。

但是，此时哥伦布的头脑中充满了荒诞的地理概念，可能是疾病妨碍他作出正确的判断。此次西航出发前，哥伦布就已感到身心疲惫，途中又不断受到疾病的折磨，患上了关节炎和严重的眼病。

在航行过程中，其艰苦的条件更令哥伦布的病情不断加重，眼睛几近失明。在发烧的状态中，他对地圆说产生了疑问，提出了一种非常古怪的理论。他说，他读了一些大学问家的书，书中都说地球是圆的，世界也是圆的，但他在航行中却看到那么多的畸形。因此，他认为地球并不那么圆，而应该是像一个圆的梨子。

他在给西班牙国王夫妇的一封信中写道：

地球的形状是梨形的，梨把儿那个部位不是圆形的；或者说，地球就像一个球上面凸起的一块，类似于妇人的乳头。这个地带最高，离天空最近，它位于东方国家尽头印度洋的赤道上。

哥伦布认为，现在他的船队来到的地方就像驶向了天空一样，所以他称这里为"人间天堂""东方之端"。他说，这就是为什么特立尼达岛的气候比萨拉热瓦柔和的原因，尽管它们都处于同一纬度带上。而世界上的主要河流，如恒河、底格里斯河、幼发拉底河和尼罗河等，也都发源于地球上这个高高隆起的地方。

哥伦布错误地认为自己已经到达了天堂的边缘，可能这比较符合各类基督教神学家们的看法，因为他们把伊甸园安在已知世界最遥远的东方；同时，这也符合哥伦布的玄妙深奥的宇宙结构学说。在这次航行过程中，哥伦布也是以他"虚构的世界"为根据的。

不久后，哥伦布就中止了这一次极其重要的探险，因为他认为此时回到伊斯帕尼奥拉才是头等大事。

8月21日，哥伦布的船队驶到贝阿塔岛，并在这里停泊。就在这一天，他看到圣多明各方向有一条不大的帆船朝他的船队驶来。

来船首先开了一炮，然后迎风转向哥伦布的指挥船。哥伦布很高兴地看到站在船头向他欢呼的，竟然是他的弟弟巴托洛梅。

原来，在哥伦布长期不在伊斯帕尼奥拉岛的情况下，巴托洛梅下令在岛的东南岸边奥扎马河口上建立新的首府，那就是圣多明各。这里比伊莎贝拉城堡的条件要优越得多：土壤肥沃，卫生状况良好，有固定的淡水供移民饮用，还是一个可以躲避风暴的良港。

这天，这位代理总督刚好为追赶卡瓦哈尔的运粮船赶到这里。在他上岸时看到了粮船，但那些运粮船却因为粗心大意而从圣多明各方向驶过没有停船。这个意外令哥伦布两兄弟在此幸运地重逢了。

经过短暂的休息后，4条船经过8个昼夜的航行，于1498年8月31日到达新的首府圣多明各。至此，哥伦布的第三次西航全部结束。

第十七章　灰暗的日子

如果某些事情我未能做好，那是因为这些事情本来就是办不到的，或者是超越我的知识和能力范围之外的。

——哥伦布

（一）

当哥伦布赶到伊斯帕尼奥拉岛时，这里已经是一片混乱。对于哥伦布来说，唯一值得欣慰的消息是肮脏可恨的伊莎贝拉城堡已经放弃，圣多明各正在兴建起来。但由于缺少劳力，城市建设现在也只进行了一半。

其实更为主要的原因，是巴托洛梅必须把主要精力集中在其他事情上。在哥伦布不在期间，作为代理总督，他并未能赢得人心。这里的移民和印第安人对他的不满情绪日渐增长，后来终于爆发了由岛上大法官弗朗西斯科·罗尔丹领导的叛乱。

当哥伦布到来时，罗尔丹和他的追随者们正在岛屿西南部的哈腊古尔与当地酋长贝西奇奥拉关系，其中还有贝西奇奥的妹妹安娜科纳。她是死在前往西班牙的船上的酋长科阿博的遗孀。

而哥伦布之前从加纳利派出的3艘快帆船也因计算错误未能直达圣多明各，错开的距离竟然达好几百里。更糟糕的是，他们竟一下子走到了哈腊古尔半岛罗尔丹叛军的营房旁边。

船长们此时并不知道罗尔丹已经发动了叛乱，因此纷纷欢迎他登船，还交给他给养和武器，让自己的船员上了岸。这些船员中有许多都是罪犯，罗尔丹轻而易举地就把这些人收编了，结果这伙约有70多名叛乱分子组成的队伍大大地增强了罗尔丹的威慑力量。

罗尔丹在哈腊古尔扎下营寨后，在那里建立了一个由他发号施令的独立团伙。为壮大声势，罗尔丹还公开宣布将全面"保护"印第安人的政策，以此与巴托洛梅分庭抗礼。

其实，罗尔丹提出的所谓的"保护"印第安人政策，就是把印第安人分给西班牙殖民者个人所有，成为他们的私有财产。哥伦布从西班牙带来的劳动者在得到印第安人以后，个个都成了主人，过着强迫印第安人替他们劳动、并让他们服侍自己的王公贵族般的生活。罗尔丹的这项政策既缓和了西班牙人与印第安人的正面冲突，又赢得了大多数西班牙殖民者的拥护。在这种情况下，哥伦布兄弟不能组织力量向罗尔丹开战，只能与他讲和。

经过差不多一年的谈判，罗尔丹提出的条件越来越高。哥伦布同意恢复叛乱头目的法官职位，同意在宣布所有对当局的指责全无根据后，让所有愿意回国的叛乱人员都能免费携带黄金和奴隶返回西班牙，其在哈腊古尔地区所留份地则交给那些愿意继续留在伊斯帕尼奥拉岛上居住的西班牙人。

作为与罗尔丹和解的条件之一，哥伦布最终废除了海外商战制度，改用后来通行于西班牙统治的美洲大部分地区的瓜分制度。按照这个制度，每个西班牙移民都能分得一份耕地，并将住在耕地上的土人连同其他早已变成私人奴隶的土人都归私人所有。本地的酋长由于希望免除缴纳黄金的沉重负担，因此忍痛接受了这一权利。

这个制度保证了西班牙人获得耕地、获得无偿劳动力以及获得从份地里采得的全部黄金（除向国王和统帅缴纳的之外）的权利，所以他们也都乐意采用。

不过，瓜分制并没有一下子就令殖民地增加收入，也没有拯救哥伦布，使他不失去国王的恩宠，但它结束了残酷的强征黄金制度，使西班牙移民定居下来，因此对海岛的殖民地化起到了一定的推动作用。

（二）

当哥伦布在伊斯帕尼奥拉岛忙得不可开交时，他发现帕利亚湾的消息已经传回了西班牙，并引起了轰动。阿隆索·德·奥赫达千方百计地弄到了一张哥伦布的航行路线图，认为这是一个千载难逢的发财机会。因此，他怂恿主持发现事务的主教方塞卡给他颁发一张许可证，授权他装备一支船队前往帕利亚湾和盛产珍珠的沿岸地区去探索。这个消息传出后，人们都认为哥伦布的位置已经被奥赫达取代了。

1498年秋，德·奥赫达的船队从西班牙出发了。他的随行人员中有善于绘制地图的胡安·德·科萨，此外还有佛罗伦萨的冒险家亚美利哥·韦斯契浦，他是第一次参加横渡大西洋的航行。

1502年，亚美利哥·韦斯契浦从南美探险回到欧洲，印行了《新大陆》一书，得到了广泛的传播。1507年，日耳曼地学家马丁·瓦德西姆勒提议称此新大陆为亚美利加州，即以亚美利哥的名字作为洲名。到了16世纪末，北部大陆也被包括进去，统称为北美利加州。这也是美洲大陆现在名称的由来。

奥赫达沿着哥伦布第三次西航的航程，通过南美洲的海岸到马加里塔岛。在这里，他收集到了大量的珍珠，还发现了阿鲁巴岛、库拉索岛和马拉开波湾。他看见一些土人将村庄建筑在靠岸水边高高的木桩上，便将之称为委内瑞拉，意即"小威尼斯"的意思。

在马拉开波海湾的西边，奥赫达离开了大陆，转而向北面的伊斯帕尼奥拉航行。他的船队小心地避开圣多明各在哈腊古尔登陆，在这里，奥赫达与罗尔丹的人还发生了冲突。紧接着，他的船队又继续向巴哈马群岛驶去，船舱里装满印第安奴隶，返回到西班牙。

奥赫达是1500年返回西班牙的，此后，原"圣·玛利亚"号上的舵手佩拉隆索·尼尼拉从海外运回了大量珍珠，而"尼娜"号船长维森特·亚涅斯·宾松又发现了亚马逊河口。不久，所有贪图名利的航海家、发现者们都纷纷准备船只，争先恐后地前往美洲去航行，既不通知哥伦布，更不会经过他的同意。

此时，哥伦布在西班牙宫廷中的威信正在不断下降，反对他们兄弟统治的怨言越积越多。他们对殖民地的管理受到众多谴责，被指斥为"暴君""不惜用西班牙人的血维持残酷的统治"。满怀怨恨的殖民地人继续不断返回西班牙，他们衣衫褴褛，身无分文，向国王请求发清"欠饷"。国王无论什么时候出门，总会有人对他高呼"发饷""发饷"！

仇恨还扩展到哥伦布儿了的身上，在宫殿里做伴童的迭戈和弗兰多几乎不敢在公开场合露面。人们都纷纷嘲笑迭戈和弗兰多说：

"瞧瞧，统帅的儿子在那里呢！什么统帅，蚊式小舰队的统帅！他发现的土地是无用的、骗人的土地，是卡斯蒂利亚贵族的墓地！"

最令两位国王恼火的问题，是殖民地花费了西班牙大量的钱财来制造船只和保证为殖民地提供他们所需的一切物资，而哥伦布关于从"印度"群岛带回大量财富的承诺却变成了一句空话。

哥伦布作为财富运回西班牙的大批奴隶，也没有为西班牙王室带来多大的经济效益，反而惹恼了伊莎贝拉女王。女王曾明确指出，她不再需要那些还未皈依天主教的土著人来到西班牙。当又一船奴隶到达时，伊莎贝拉女王再也不能忍耐了，她下令马上把这些奴隶送回伊斯

帕尼奥拉去。

虽然费迪南国王和伊莎贝拉女王对哥伦布仍然怀有好感，也肯定了他的发现功绩，但对他在伊斯帕尼奥拉的管理的确产生了很大的怀疑，因此下令对那里进行全面的调查。

于是，在获悉哥伦布已与罗尔丹和解、瓜分制已经实行的消息之前，两位国王便派遣忠诚可靠而又受人爱戴的弗朗西斯科·德·博巴迪利亚前往伊斯帕尼奥拉，授权他全权处理那里的混乱局面。

博巴迪利亚的权力是绝对的，他有权逮捕伊斯帕尼奥拉岛上的任何反抗者，没收他们的财产；他有权处理那里的一切控诉，恢复法律和秩序；他有权接管所有要塞的防务、武器和王室的财产。从这个程度上来说，博巴迪利亚就是费迪南国王和伊莎贝拉女王派出的钦差大臣。

（三）

由于资金长期缺乏，博巴迪利亚推迟了整整一年才起程驶往伊斯帕尼奥拉岛。即便博巴迪利亚是个尊重客观事实、不偏不倚的人——何况这个穷困潦倒、虚情假意的卡拉特拉瓦骑士根本还不是这样的人——那么，当他1500年8月23日到达圣多明各港口时，港口的某些情景也必然会给他造成一定的消极影响：在港湾的入口处两旁，他可以清晰地看到绞刑架上7名西班牙叛乱者的尸体在摇晃着。

将这7个人和另外5个等着送上绞刑架的人，自然就是哥伦布了。此时，他正与巴托洛梅一起留在哈腊古尔追捕其他的叛乱者。因此，当博巴迪利亚次日大张旗鼓地要推翻哥伦布的集团时，首先只能对付哥伦布的另一个弟弟迭戈和几名忠于哥伦布的人。

博巴迪利亚选大教堂作为现场，带领他的全部随从去做弥撒，并利用居民都在场的机会，在弥撒结束后宣布国王授予他的全权委任

书。他还命令迭戈·哥伦布、市长罗德里格·佩雷斯和要塞司令米格尔·迪亚斯交出其他的囚犯，但三人拒绝了博巴迪利亚的要求。因为在这里，只有哥伦布的决定才能产生这样的效力。

第二天，博巴迪利亚继续重演这场戏。这一次，他宣布了国王于1500年5月30日颁发的命令，授权他补发所有拖欠的薪饷。于是，移民中的很多人马上转变态度，听从博巴迪利亚的指挥，一起冲向了城堡和监狱。

博巴迪利亚干劲十足地占据了哥伦布的住房，并命令没收哥伦布所有的家产和日记，释放被囚禁的叛乱分子，还下令逮捕迭戈。同时，他还使出了笼络自己同胞的方法：金产量上交比例从以前的三分之一降十一分之一，采金权也延长到20年。

西班牙两位国王派来的这位专使为自己的私欲大开方便之门，殖民者们也都兴高采烈地追随他，哥伦布独自开发"印度国"的幻影破灭了。

不久，哥伦布就获悉了这一切情况，他怀着被深深伤害的心疑惑不解地赶到圣多明各。在此期间，博巴迪利亚已经收集了大量的指控材料，因此，现在对付哥伦布这个被赶下台的副王简直是不费吹灰之力。哥伦布还没等到这位新总督那里去，新总督就已经委派差役戴着手铐来捉拿哥伦布了。

开始时，没人能料到会有人敢逮捕他们的统帅。正如在现场的编年史作者拉斯·卡萨斯所写的那样：

> 在场的人当中，没有任何人愿意给统帅戴上手铐，因为大家的心中都对他充满了敬重和同情。但是，最后，居然有个卑鄙无耻的小人提出愿意做件事。他曾在统帅那里做过一段时间的厨师。他厚着脸皮给统帅戴上了手铐，无动于衷，似乎他是在……制作美味佳肴一般。

　　……后来，那副手铐一直被统帅小心翼翼地保存着，并且让人有朝一日把这副手铐与自己的遗骨放在一起。

　　当然，哥伦布的这个愿望并没有实现。但在当时的情况下，哥伦布的确不由自主地感到了死亡的恐惧。

（四）

　　1500年10月，当准备开往西班牙的两艘三桅杆船的指挥员安东尼奥·德·巴莱霍来到哥伦布所在的监牢，要将他带上"拉格达"号，送回西班牙时，哥伦布大概认为他们是要将他送上断头台。

　　与此同时，哥伦布的两个弟弟——迭戈和巴托洛梅也和他们的哥哥一起随船被带回西班牙。在"拉格达"号航行过程中，巴莱霍想为哥伦布取下手铐，但哥伦布拒绝了。他认为，只有下令给他戴上手铐的王室才有权这样做。

　　在那段日子中，哥伦布每天所说和所写的东西中一定有许多富有戏剧性的东西，但人们不得不考虑到，这位49岁的人——按当时情况来说已经是一个老人了——面临着怎样的深渊。

　　在回西班牙的途中，哥伦布给自己忠诚的朋友、当时在宫廷工作的唐·胡安·德·托雷斯写信。这封长信正是哥伦布遭受困难的呼吁和备受侮辱的凭证，同时也是他自信自己行为正确的自豪的判断。

　　在信中，哥伦布声称是天主上帝让他成为"新天和新地"的报信人，在《启示录》和《以赛亚书》中对这些新天和新地都已作过预言。上帝启示伊莎贝拉女王相信哥伦布的使命，他以女王的名义出发远航，获得了统治另一个大陆的权利。然而，眼下女王的臣民中竟有人这样卑鄙无耻地侮辱统帅，这一定会受到惩罚的。

哥伦布承认，自己的一些行为不合法，他曾主动粉碎了反对王权的叛乱。但如果他按照平常的法律手续赶回西班牙请示后再动手，又怎么能平定叛乱呢？

他大量收集黄金，保卫两位国王的利益，但现在博巴迪利亚来了。他听信各种造谣诽谤，称哥伦布三兄弟违法，将三人逮捕后投入监狱；他还取消了采集黄金的一切限制，结果让一个流氓在4小时之内弄到价值30多几尼的黄金！而最令哥伦布痛心的，是博巴迪利亚拿走了他的全部资料，以及能够最清楚地表明他无罪的证据，让哥伦布蒙受不白之冤。

最后，哥伦布又用心酸动人的语言结束了自己的长信，宣泄了自己尊严备受伤害的苦恼心情，表示渴望有人能站出来为他主持公道。他写道：

> 在西班牙，人们总像看待一个派驻西西里或其他城市的总督那样看待我。在西西里或其他城市，国家秩序可以正常维护，那里可以完全依法办事而不怕损失……可是我去的地方不是西西里，而是新天地！所以，应该把我看成一个船长，这个船长从西班牙出发，朝印度航行，他的目的是要使众多的、其宗教和风俗与我们大不相同的海外好战居民臣服。

> ……我到那里根据神的旨意，已经使另一个大陆服从了国王和女王的统治，从此向来被认为贫困的西班牙变成了一切国家中最富足的国家……我们的天主上帝仍然威力强大，智慧无比，与从前一样和我同在，而忘恩负义和损人利己的行为终将会受到特别的惩罚。

哥伦布是个十分敏感的人，他不像当时的一般硬汉那样经受得住打击，所以那些侮辱给他的伤害的确是非常严重的。

哥伦布去世后，他的兄弟们和他的儿子选戈将他安葬在巴利亚多利德的一座圣方济各会的一所修道院的墓地内。后来，他的遗体又被移往塞维利亚卡尔图哈的拉斯·奎瓦斯修道院。1542年，这些遗骨又被转移到圣多明各的殖民城。1795年，法国占领整个西班牙岛，哥伦布的遗骨又被转移到古巴的哈瓦那。1898年，古巴在美西战争后独立，哥伦布的遗骨又被转回到西班牙的塞维利亚大教堂。

第十八章　最后的航海

惊险对一些人来说，也是一种美。

——哥伦布

（一）

1500年10月，"拉格达"号载着哥伦布三兄弟返回了西班牙。10月底，哥伦布被士兵押解着在加迪斯上岸，并在戴着手铐脚镣的情况下被送到塞维利亚的拉斯·库耶瓦斯修道院。据说，当地的人们看到哥伦布被戴着手铐脚镣时都感到很伤心。

直到12月，哥伦布迫切等待的王室特使终于来了。他奉命打开哥伦布的手铐脚镣，恢复哥伦布的自由，并带给哥伦布2000杜卡特，还要哥伦布参加最终于12月17日在格拉纳达举行的接见。

12月17日，哥伦布三兄弟一起来到格拉纳达市阿尔亨波拉宫觐见国王和女王。当时，哥伦布的两个儿子——21岁的迭戈和12岁的弗兰多——都在宫廷队伍中。他们看到苍老多病的父亲穿着圣方济派修士的棕色衣服，手上和脚上还有镣铐磨损的伤痕，心中都有说不出的难过。

费迪南国王和伊莎贝拉女王依然亲切地接见了哥伦布，并说了一些安慰的话。对于哥伦布来说，要做的无非就是控诉他所受到的最严重屈辱，并请求国王和女王的慷慨支持。国王和女王也答应会主持公道，恢复哥伦布的一切权利。

然而，过了一周又一周，过了一个月又一个月，两位国王答应哥伦布的事情迟迟没有实现。为了尽快争取到自己的权益，哥伦布花费大量的时间和精力编成了一部《权利书》，将他与王室签订的合同、所有国王的命令和信札等都载入其中。可是，要想再次获得自己所失去的一切，显然已是痴心妄想，哥伦布不可能再期待国王能够给他10%的收益或其他权利了。要知道，当时国王在答应这些条件时，原本以为那里只会发现几个可以建立海外商站的大岛屿，并没有想到会发现一个新的大陆。

在哥伦布回到西班牙的这段时间里，在大西洋的另一边也发生了许多重大的事情。1500 年初，一支由13条船组成的葡萄牙船队在佩德罗·阿尔瓦雷斯·卡布拉尔的率领下，从里斯本出发开往印度次大陆，目的是巩固达·伽马在那里建立的前哨贸易站的地位。

在航行中，卡布拉尔的船队使用了严格保密的基本航海知识，努力避开迎着他们刮来的东南信风，利用赤道南部的洋流，船队被远远地推向西南，并于4月22日偶然到达了巴西海岸。

几天以后，卡布拉尔深入内地，到达了今日的塞古乐港。这里在里约热内卢北面约966千米处，卡布拉尔代表葡萄牙宣布占领该地。这样一来，葡萄牙便掌管了一个根据托尔德西里亚斯条约"合法"得到的美洲帝国。

与此同时，另一位名叫加斯帕·科特瑞尔的葡萄牙船长也乘船到达了纽芬兰，考察了那片大陆的海岸。

此外至少还有3位著名的航海家，包括亚美利哥·韦斯契浦，航行到了南美洲的沿岸，据称所到最南边的地方是地处52纬度线的今日阿根廷的巴塔哥尼亚地区。

显然，这些航行的成功已足以证明西边有一个大陆的存在。面对葡萄牙人不断获得的成功，西班牙国王当然也不甘示弱。而就哥伦布来说，他也不愿意就这样默默无闻地在西班牙终了残生，他需要再一次恢复他往日的地位和光荣。

但经过9个月等待后，1501年9月，西班牙国王并没有宣布让哥伦布重新回到伊斯帕尼奥拉岛复职，而是改派唐·尼科拉斯·德·奥万多前往伊斯帕尼奥拉岛去接替博巴迪利亚担任海岛和"印度"大陆的总督。只是，国王允许哥伦布继续享有岛上副王和统帅的头衔，并可派一个代理人跟随奥万多去那里收回被博巴迪利亚没收的财产。国王和女王决计不让"印度"事业中断，这点可能会令哥伦布感到某种安慰。

1502年2月，奥万多率领一支拥有30条船和2500名船员、士兵和殖民者的庞大队伍向斯帕尼奥拉岛出发了。

（二）

奥万多走后，哥伦布也急于想再一次开始他的理想事业，回到他惬意的环境当中，所以，他再次向两位国王要求船只和经费，以便开始第四次远航。

对于这次新的探险，两位国王于1502年3月14日做了详细的考虑，并声明：

> ……你们受到我们的恩惠，即你们始终持有我们所给予的一切特权，这一点，对于你们及你们的子孙们都不会有丝毫的改变。即

使有必要重新确认这些特权，我们也将做到这一点，并让你们的子孙获得我们所允诺你们得到的一切。

当然，这些许诺对所谓前副王哥伦布是没什么用处的，因为在一项同时宣布的禁令中就足以表明了。该禁令规定：哥伦布在航行期间不得再登上伊斯帕尼奥拉岛，只有在"返航途中，由于上帝恩赐，万一你们认为有必要，方能在该岛上作短暂的停留"。同时，命令还禁止哥伦布进行奴隶贸易。

1502年5月，哥伦布的第四次、也是最后一次航行准备出航了。从许多方面来说，这都是他生平一次最有意义的航行，而他本人也是这样想的，因为他在活着的不多岁月中始终称此次航行是一次不平凡的航行。当远航开始时，他差不多已满51岁了；当归来时，他已经53岁。按照当时的标准，哥伦布已经属于老年人了。但是，他仍然在这次西航中表现出高超的航海技术和超人的勇敢精神。

这次航行的船队由4艘船组成：第一艘船被称为"甲必丹"号，是指挥船，载重量为70吨。第二艘为"加莱加"号，第三艘是"比赛开"号，还有一艘名叫"圣地亚哥·德帕洛斯"号，它们的载重都各为50吨左右。

此次航行的主要目的地是寻找古巴以及哥伦布在1498年发现的那个大陆之间的海峡。当时，奥赫达和巴斯蒂达斯沿着南美大陆航行，最远只到达达连湾。从达连湾到克尔斯特港这条线以西整个加勒比海的海域和水域，欧洲人都没有去考察过，对那里还毫无所知。哥伦布相信，正是在这个地区可以找到这个大地谜语的钥匙，能弄清他近来发现的地方和亚洲的关系。他希望能在这里找到马可·波罗从中国航行到印度洋所走过的那个海峡。

这时，达·伽马正再一次绕过好望角向东航行。为此，国王和女王甚至帮哥伦布写了一封介绍信，让他交给达·伽马。两位国王预料，这两位航海家可能会在印度的某个地方相遇。

这一次西航大约有150人参加，其中"甲必丹"号由迪戈·特里斯坦驾驶，他是哥伦布忠实的伙伴，并在勘察古巴和牙买加时，在航海方面崭露头角。在指挥船上的，还有哥伦布年仅13岁的幼子弗兰多。

另外，"圣地亚哥·德帕洛斯"号由哥伦布的弟弟巴托洛梅指挥；"比赛开"号的船长是巴陀罗米奥·费希，他出生于著名的、在德国因席勒的戏剧而广为人知的热那亚贵族家庭；"加莱加"号的船长是佩德罗·德特雷罗斯，从哥伦布的第一次航行开始，他就是哥伦布忠诚的同伴之一。

（三）

1502年5月11日，船队在哥伦布的率领下再一次浩浩荡荡地出海了。9天以后，船队到达了加纳利群岛，在那里补充了木材、淡水和新鲜食物等。

5月26日，船队开始了横跨大西洋的航行。这一天，天气状况非常好，信风强劲，而且持续不断。哥伦布的船队只用了三周的时间就在马提尼克岛登陆了。在这里休息了3天后，船队向北行驶，途中在多米尼加又作了短暂停留。到6月24日，远处的圣多明各已经遥遥在望了。

虽然在出发前有禁令，不允许哥伦布在此次西航时停靠圣多明各，但此时此刻哥伦布却有充分的理由这样做：一，他有许多信件需要送过去；二，"圣地亚哥"号船不便航行；还有更重要的一条理由，就是哥伦布凭他的直觉和经验预见在两三天内应该会有一场狂暴的飓风来临，所以船队必须进港，寻找一个安全的庇护所。

在圣多明各港内，奥万多从西班牙带来的船队正准备起航返回。当哥伦布派遣托列洛斯上岸请求进港时，他善意地建议奥万多说，应让船队留在港里等候飓风过去。但奥万多对哥伦布的劝告不屑一顾，甚至有些粗暴地拒绝了。他既不允许哥伦布进入圣多明各，也不听哥伦布的劝阻。当天晚上，奥万多就带领船队出海了；而哥伦布只好取道西行，希望能再寻找一个可以避开风暴的地方。

哥伦布预测的没错，当奥万多的船队刚刚离开圣多明各，正在通过莫纳海峡时，一场特大的飓风就从东北方向向他的船队袭来。在暴风中，大部分船只连同船上的船员都沉入海底，另外几条船则被冲到岸边砸得粉碎，三四条残破不堪的船只勉强开回了圣多明各，但靠岸时基本已接近沉没了。

在这次飓风中，共有500多人葬身大海，其中就有哥伦布的死对头博巴迪利亚和罗尔丹，但也有他的老朋友安东尼奥·德·托雷斯，还有准备作为俘虏押往西班牙的一位土人酋长。

此外，咆哮的大海还吞没了价值20万卡斯蒂利亚金币的黄金，其中一块大金条价值就达3600卡斯蒂利亚金币，这也是西班牙人在"印度"群岛找到的最大的一块黄金。在整个船队当中，只有一条轻快的小帆船"阿古哈"号逃脱这场飓风灾难，返回了西班牙。

但对于哥伦布来说非常幸运的是："阿古哈"号正是装载了哥伦布那些被博瓦迪利亚没收的、要被运往西班牙的财产的那艘船。

哥伦布率领的船队没有受到太大的伤害，因为在飓风袭来前，他就在一块紧靠陆地的地方抛锚了。虽然他的另外3条船被刮到大海中，与他的指挥船分离开，但它们都没有遭到严重的损失和人员伤亡。几天以后，4条船在约定的会合地点阿苏阿附近集合在一起。

在阿苏阿休息一周以后，哥伦布又率领船队出发，向阿尔塔·维拉海峡驶去，然后折向西行，穿过向风海峡，进入了一个完全风平浪静的海面。

7月30日，他们到达了一个土人称为波纳卡的岛屿。这是一连串群岛中最大的一个，距离现今的洪都拉斯岸边大约有48千米。这里的土著居民对他们非常友好，但他们既无黄金也无珍珠，哥伦布便没有在这里逗留。

8月14日，船队到达洪都拉斯海角。在这里，哥伦布登上岸，在这里的土人的印证下举行了占领仪式，宣称这里的土地归西班牙所属。由于这里的土人耳朵上都穿了孔，还带着沉甸甸的金饰，哥伦布便将此地取名为"耳朵海岸"。

此后的四周，船队一直沿海岸向东缓慢行驶。天气十分糟糕，船队行驶得非常缓慢，每前进一海里都要与风浪搏斗。在这段时间里，船只只能任风浪摆布，桅杆折断，风帆撕裂，船员的身体也受到了严重的摧残，人们不停地对天发誓、忏悔、许愿。

哥伦布曾经在日记中这样写道：

......风暴又袭来了，随风暴而来的是大暴雨、龙卷风以及不停的电闪雷鸣，仿佛世界末日已经来临。我累得精疲力竭，不知如何是好。我身体上旧的疼痛复发，9天来我不知道是否还有活下去的希望；眼见海洋如此凶猛，巨浪排空，狂风使我们无法前进，也不能避往一块海角。我们被围困在那片血红的海涛中，好像置身于烈火煎熬的汤锅中。

天空从来都没有显得那么可怕过，白天和黑夜都像火炉一样燃

烧着，雷鸣电闪，震耳欲聋，我甚至担心桅杆和船帆会被刮走。闪电划出的光芒如此恐怖，我们都害怕整个船队会被劈成碎片。

在整个这段时间里，水流从天上不停地倾泻下来，我已经不能用"下雨"两个字来形容它了，因为它就像一次洪荒爆发。

大家都累得精疲力竭，宁愿用死亡来换取这眼前难于忍受的苦痛。

不久后，哥伦布便病倒了，躺在让人安排在甲板上的床铺上指挥船队航行。但唯一令他感到欣慰的，是他的儿子——年幼的弗兰多在风暴中表现得坚定沉着，十分勇敢。

（四）

9月14日，船队终于绕过一个海角，哥伦布称之为"格列西亚斯·迪奥斯角"（意为感谢上帝）。到达这个海角，意味着与大自然的搏斗终于告一段落，因为海岸在这里的走向是朝南了。船员们都习惯性地唱起赞美上帝的颂歌，用祷告表示对上帝的感激之情。

此后的航行都是平稳而愉快的，这一带海岸即今日的尼加拉瓜。为补充燃料和淡水，船队在尼加拉瓜境内的格兰德河停泊。在经过一处浅滩时，有两名船员不幸失足落水淹死，于是哥伦布就将这里的一条小河取名为奥·德·罗斯·德萨斯特列斯，意为"不幸的河流"。

随后，船队又经过圣胡安·德尔·诺尔特湾到达一个地区，当地的印第安人称这里为卡里阿伊，也就是现在的哥斯达黎加。

又经过10天的航行，船队到达了现在利蒙港附近的乌瓦岛停泊。在这里，船员们与当地塔拉曼卡部落的印第安人建立了友好的关系。印

第安人首先送了一批棉布衣服和金铜合金制的装饰品到船边来，但西班牙人一看就知道，这种合金是含金量很少的代用品，因此根本不想买。但是，哥伦布还是赠了许多礼物给印第安人。

这个岛屿十分富饶，有许多鹿、山猫、猴、海龟和野猪等，还有大群的鹦鹉、野生动物以及大片的树林。

10月5日，船队继续前行，哥伦布又开始出发去探寻马六甲海峡。两天之后，他们在奇里基·拉格温——今日的巴拿马停靠。虽然哥伦布没有找到任何海峡的影子，但他高兴地发现这里许多印第安人的脖子上都戴着金环，而且他们也愿意用金环来交换西班牙人的鹰脚铃。

于是，哥伦布在这里停泊10天，弄到了许多黄金。同时，哥伦布还从印第安人那里了解到，这块地方名叫维拉瓜，是个地峡。从这里穿过山岭只需要9天就能到达另一个大海，那里有一个名叫西古亚尔的地方盛产黄金。

这时，哥伦布又将西古亚尔和西潘古联系起来，认为再向前行驶10天应该就能到达印度了。

然而，哥伦布的自以为是和一意孤行令他再一次失去了一个新的发现机会。土人反复告诉他，维拉瓜没有海峡，再往前也没有，但哥伦布坚持继续前进，结果船航行了6个星期依然毫无结果。哥伦布虽然不情愿，但也只能承认土著人告诉他的是实情。

11月26日，哥伦布放弃了原来的想法，在一个他命名为"后退"的地方折返。从此以后，哥伦布的兴趣全部集中到获取黄金上了。

第十九章　英雄暮年

　　我用我的力气，推开了到达大汗的大门，希望你们从这里继续寻找大汗。

——哥伦布

（一）

　　1503年初，哥伦布的船队离开维拉瓜海岸，在一个名叫贝伦的河畔抛锚。在这里，西班牙人找到了大量的黄金，这可是他们多年以来都求之不得的东西。岛上金矿砂在地表上面就能找到，所以只要不怕吃苦，用一双手就能够采集到黄金。

　　为了采集到更多的黄金，哥伦布决定让他的弟弟巴托洛梅带领80个人留在这里，建立一块小小的殖民地，"加莱加"号船也留在这里供他们使用。

　　这里的印第安人开始时对他们很友好，但见这些西班牙人在这里修建房屋，准备长住，他们的态度马上发生了巨大的转变，准备对这伙入侵者发动一场大规模的进攻。但由于巴托洛梅防御工作做得好，印第安人才没能得逞。

等到巴托洛梅在贝伦建立的商站初具雏形时，河水退落得很厉害，以致船只都不能再通过沙洲了。此外，逆风也使哥伦布不能按原计划远航，他只能在离岸几千米的地方抛锚。

几天后，迭戈·特里斯坦奉哥伦布之命驾着小船沿河上行取水。当他们到达巴托洛梅建立的商站时，发现巴托洛梅正带领船员与印第安人进行战斗。经过一番苦战，印第安人终于被击退。

特里斯坦等人继续驾着小船去追赶印第安人，但却不幸中了印第安人的埋伏。除了一人侥幸逃出来之外，特里斯坦和船上的其他人都被杀了。

此后的8天，双方始终僵持着。天气对停泊在外滩的船只不会产生太大的影响，但没有一只小船能够顺利地通过浅滩。这一次，哥伦布作出了一个很明智的决定：考虑到巴托洛梅在没有人质的情况下被困在商站里已处于绝望境地，他询问有没有人愿意游水越过浅滩与商站取得联系。

哥伦布的话刚问完，佩德罗·德·列德斯马上自告奋勇地表示他愿意去。不久，列德斯就带回了巴托洛梅的紧急请求——请求哥伦布准许全体卫戍人员撤离商站，随船队一起返回西班牙。

哥伦布同意了巴托洛梅的请求。于是，孟德斯马上动手编制了一个木排，让商站中所有西班牙人携带大部分补给品和一切船具乘坐木排越过浅滩，"加莱加"号也随着贝伦商站一起抛弃了。

从这一次尝试开始，此后欧洲任何人想在这里建立殖民地都未能获得成功。

'4月16日，"甲必丹"号、"维斯卡纳"和"圣地亚哥·德帕洛斯"号一起离开贝伦，前往圣多明各。此时这3艘船的状况都不容乐观，船板被海水侵蚀，大部分已经腐烂，大量的凿船虫似乎要把它们

完全吞噬。在3条船中，"维斯卡纳"号的情况最糟，最后也只能抛弃在贝伦港了。

5月1日，船队到达哥伦布命名的卡波·马莫里奥角（马布尔角），大概就是现在的莫斯基托斯角，在这里短暂停留后，又改向北方航行。在航行中，虽然船只能顺风鼓帆，但海流却常常迫使它们转向。

航行了10个昼夜后，船队经过了牙买加西北的小开曼岛。到了5月12日，他们才在古巴南部的一个名叫勃列顿的小岛停泊。哥伦布在第二次航行时，曾将这个小岛称为"女王的花园"。

但是，船上却"充满了一片饥饿和恐慌的气氛"，食物只剩下一些硬饼干、少量植物油和醋，船员们不分昼夜地排水，累得筋疲力尽。船只已经被大量的船蛆蛀坏，甚至眼看着就要沉了。

更严重的是，在这天晚上，他们又遭遇了一次暴风雨，导致一条船的锚链冲断，并撞在指挥船上。幸好指挥船上的船员把它和指挥船用绳索连在一起，才未被暴风雨击沉。

6月25日，2艘破旧的、水差不多已经齐甲板的破船驶入牙买加的圣安港停泊。哥伦布吩咐船员将两条船拖上岸并排搁置，并用支柱加固，保持龙骨平稳。船员们在甲板上用棕榈叶搭成棚子，作为住宅。在牙买加，哥伦布和他的船员们整整被困了一年。

在这里，统帅和大家几乎每天都在挨饿。印第安人的余粮本来有限，而他们对玻璃珠、针织花边和铜铃的需要已经降到零点。

直到1504年2月底的一天，突然一条小船在西班牙人的营房附近停泊。这是哥伦布等人在近一年的时间中看到的第一条帆船。

原来，这条船是奥万多派来调查哥伦布是否活着以及他在干什么的。不过，这条船也带来了一个好消息，那就是哥伦布派出去寻找船只的孟德斯想尽一切办法，终于租到了一条救生船。

（二）

救星果然不久就到来了。孟德斯在圣多明各租到了一条小船，并将它开到牙买加。1504年6月，哥伦布及其手下船员全部上船，并于29日动身前往伊斯帕尼奥拉岛，结束了他们在牙买加105天的困顿生活。

小船到达圣多明各后，哥伦布另外租了一条船，于9月12日启程返回西班牙。与他同行的，还有他的弟弟巴托洛梅、儿子弗兰多以及22名船员。第四次西航的大部分幸存者都害怕返回西班牙的途中再次遭遇航行之险，因此都愿意留在圣多明各。

54天后，即1504年11月7日，哥伦布的航船抵达桑卢卡尔·德·巴拉米达，伟大的航行就这样结束了。包括被围困在牙买加的一年在内，哥伦布的第四次航行共历时两年半的时间。

在哥伦布的4次西航中，这次是发生事故和遇险最多的一次，也是给哥伦布带来失望最大的一次。他未能找到通往印度洋的海峡，因为世界上根本就没有这样一个海峡；他报告发现了一个海峡，但却未能引起国王的注意；他找到了藏金丰富的维拉瓜地区，但这里却不能开发。

尽管如此，哥伦布还是尽了自己的最大努力。正如他在回到西班牙后不久，给儿子迭戈的信中写到的那样：

> 我尽其所能，以极大的热情和非常勤奋的精神为国王陛下服务，目的是想赢得地上天堂和其他更美好的东西。如果某些事情我未能做好，那是因为这些事情本来就是办不到的，或者是超越我的知识和能力范围之外的。在这种情况下，我们的天主上帝所要求人们的只是他们的真心诚意，而不是其他的什么东西。

当这次航行结束后，哥伦布的健康状况已经十分糟糕了。由于伤痛的折磨，他走路都非常困难，只能让人抬上驮轿，送往塞维利亚他的住所休养。

现在，哥伦布无法北上亲自去觐见国王和女王，但他却又急切地盼望着国王和女王的赐见，听取他的报告，这是远航归来的每一位船长都应该受到的起码的礼遇。

就在哥伦布焦急等待的同时，女王伊莎贝拉其实已重病卧床了。11月26日，伊莎贝拉女王与世长辞。哥伦布本来希望伊莎贝拉女王能在她的遗嘱中"恢复他对印度群岛的所有权"，但现在看来是没指望了。

女王的去世对哥伦布的精神是一个沉重的打击。一直以来，伊莎贝拉女王都理解他所追求的事业，尊重他的权利，从不嘲笑他，也从不中伤他；但国王费迪南却总是将哥伦布当成一个大累赘，虽然也曾给予过哥伦布帮助，但那只是为了讨好女王。现在女王去世了，不会再有人帮助他，为他争取他应得的权益了。

无奈之下，哥伦布只好给在宫廷禁卫军中任职的长子迭戈写信，要他在费迪南国王身边的人中寻求帮助。他决心要得到1492年他与西班牙君主达成的协议中规定他应得的那些利益和荣誉。

迭戈尽心尽力地办了这件事，但仍然毫无结果；哥伦布又派他的弟弟巴托洛梅、儿子弗兰多和他的代理人卡瓦哈前往当时设在塞哥维亚的朝廷，与国王进行交涉，都依然没什么进展。

（三）

1505年5月，哥伦布的健康状况有了一些好转，他马上奉召北上塞哥维亚觐见费迪南国王。国王显得很亲切，但又很坚决。他说，以前达成的一切协议纯属卡斯蒂利亚事务，由伊莎贝拉的遗嘱执行人负责处理。所以，他要求哥伦布等候王位继承人菲利普和胡安娜的到来。

但同时，国王也向哥伦布提出，如果哥伦布放弃自己的要求，他可以享有莱昂地区的领主统治权。哥伦布愤怒地拒绝了，他认为这是不光荣的。他希望要么得到一切，要么便一切都不要。结果，他什么也没有得到。

不久，宫廷迁到了萨拉曼卡，后来又从那里迁到瓦利阿多里德。哥伦布不顾身体上的病痛，艰难地跟随着王室转移。一年很快就过去了，但他的事依然未能获得处理。

此时，哥伦布的关节炎已经日渐严重了，大部分时间他都待在公寓里，躺在床铺上。他相信公道必然胜利，因此在自己的遗嘱中规定：从自己的合法收入中提出若干作为遗赠款项，用于兴办公益事业，例如十字军远征的偿债基金，在伊斯帕尼奥拉岛建立教堂的基金。他觉得，他这样诚心地遗赠物品可以引起上帝的注意，从而又能感动国王，让他的遗嘱可以全部实现。

1506年4月底，胡安娜在菲利普的陪同下来到西班牙，要求继承她母亲的王位——卡斯蒂利亚王位。哥伦布听说后，又重新燃起希望，因为胡安娜以前曾在王宫中亲眼看到过哥伦布第一次远航"印度"凯旋后的盛况，所以现在他非常希望胡安娜能够保留她的母亲给他的一切权利。

可是哥伦布此时已经身染重病，他只好委托弟弟巴托洛梅去觐见胡安娜。当巴托洛梅奉命进宫时，死神已经逼近哥伦布了。

1506年5月19日，哥伦布口授了最后的遗嘱，确立唐·迭戈为唯一继承人，让所有的亲人，包括他未经合法婚姻生育的次子弗兰多和他的母亲贝特丽丝以及他的两个弟弟，都能够受益。弗兰多继承了父亲的全部书籍，后来他又将这些书籍连同他自己收藏的图书遗赠给塞维利亚教会，这也令一些带有哥伦布亲笔旁注的珍贵图书得以保存至今。

5月20日，哥伦布的病情突然恶化。哥伦布的两个儿子、小弟弟迭戈和几个亲密的朋友都守在床前。哥伦布静静地躺在巴利亚多利德家中的一间简陋的居室中，身上盖着白色的亚麻布，只有头部和放在布上那软弱无力的双手露在外面。

不久，牧师来了，然后举行了弥撒，作过祷告。哥伦布复述了上帝的最后一句话：

"父啊！我将我的灵魂交在你的手里。"

随即，这个欧洲伟大的航海家溘然长逝，终年55岁。

哥伦布的生命终结了，在历史长河中离我们也越来越远。但随着时间的推移，某些自称是美洲"真正的"发现者销声匿迹，而哥伦布的伟大成就却开始逐渐得到正确的认识和评价。

然而，历史真是嘲弄人！哥伦布至死都不知道他究竟完成了什么事业，他坚持认为自己发现的是一大群岛屿，是中国的一个省和"另一个大陆"。至于"另一个大陆"到底有多大？那个大陆与亚洲之间有什么大洋？他却一点都不知道。

现在，在哥伦布西航过程中所发现的"美洲"土地上，其各国人民都在他首次西航到达圣·萨尔瓦多岛的那一天举行庆祝活动，以庆祝他的伟大行为。而他的声名，更是因此而与世长存、久而弥坚。

哥伦布生平大事年表

1451年8—10月　克里斯托弗·哥伦布诞生于意大利西北部热那亚的一个纺织工人家中。

1466年　开始在地中海参加短程航行。

1470年　在安茹国王勒内二世租下的热那亚船上服役，并参加过海战。

1476年　参加热那亚的一支武装护卫舰队，在前往北欧途中遭遇法国特遣舰队，哥伦布驾驶的"贝哈尔"号被击沉，最终泅水获救。

1477年　到英国、爱尔兰、冰岛地区航行。

1478年　受热那亚一家商行委托航行到马德拉群岛。

1479年　与费莉帕·佩雷斯特雷洛·伊·莫尼斯小姐结婚。

1480年　偕妻子迁往圣港岛。儿子迭戈出生。

1481年　担任商船队船长。

1482年　迁居马德拉群岛的丰沙尔港。

1484年　首次向葡萄牙国王约翰二世提出组织西航的申请，申请交由政务会议审查。

1485年　西航申请被葡萄牙政务会驳回。妻子在里斯本去世。

1486年　觐见西班牙女王伊莎贝拉，提出西航申请，女王将计划交由特别委员会审查。

1487年　与贝特丽丝·恩丽克丝相识。

1488年 次子弗兰多诞生。

1489年 在塞维利亚设立兄弟事务所，经营制图售书业务。

1490年 西航计划被西班牙王家特别委员会否决。

1491年 再次上书伊莎贝拉女王，并觐见女王，提出申请。

1492年 西班牙王室接受其西航申请，遂签订协议书，船队起航，开始横渡大西洋。

1493年 西航结束，返回西班牙帕洛斯港，受到国王夫妇的嘉奖。同年开始第二次西航。

1494年 考察古巴，沿古巴两岸航行，到达圣地亚哥等地。

1495年 搜刮黄金政策引起土人叛乱，忙于平乱。

1496年 结束第二次航行，返回西班牙。

1497年 第三次西航开始并结束。

1498年 将指挥船开回西班牙，自己留在圣多明各执行总督职务。

1500年 遭到逮捕，被押送回西班牙。

1501年 在西班牙等待国王赐见。

1502年 第四次航行开始。

1503年 被困牙买加一年多。

1504年 返回西班牙。伊莎贝拉女王去世。

1505年 觐见费迪南国王，要求国王许诺给他的全部权利和权益，遭到拒绝。

1506年5月20日 伟大的航海家、探险家克里斯托弗·哥伦布在巴利亚多利德寓所去世，终年55岁。